Ludwig van BEETHOVEN

por Roberto Mares

Grupo Editorial Tomo, S.A. de C.V.
Nicolás San Juan 1043
03100 México, D.F.

1a. edición, octubre 2002.
2a. edición, diciembre 2003.
3a. edición, junio 2005.
4a. edición, agosto 2009.
5a. edición, noviembre 2013.

Nicolás San Juan 1043, Col. Del Valle
03100 México, D.F.
Tels. 5575-6615, 5575-8701 y 5575-0186
Fax. 5575-6695
www.grupotomo.com.mx
ISBN: 970-666-603-6
Miembro de la Cámara Nacional
de la Industria Editorial No 2961

Proyecto: Roberto Mares
Diseño de Portada: Emigdio Guevara
Formación Tipográfica: Servicios Editoriales Aguirre, S.C.
Supervisor de producción: Leonardo Figueroa

Impreso en México - *Printed in Mexico*

Contenido

Prólogo

¡Oh, ustedes, los que me han juzgado huraño, atrabiliario y misántropo, cuánto se han equivocado! Pero ustedes ignoraban la causa que ahora comprenderán. Mi corazón y mis sentidos se inclinaron desde la más tierna edad a los impulsos de la benevolencia, y siempre estuve dispuesto a la realización de grandes cosas; pero piensen que hace seis años me atacó una enfermedad incurable que la incompetencia de los médicos agravó. Decepcionado año tras año con esperanzas de mejoría que había concebido, me vi obligado a reconocer una dolencia permanente cuya curación requerirá años, o bien, que resultará absolutamente incurable.

Nacido con un temperamento ardiente y ansioso de actividad; susceptible aun a los deleites de la vida social, he tenido que recurrir prematuramente a mi propio secuestro, y pasar mis días en la más completa soledad. A veces, cuando hacía un esfuerzo para superar la dificultad, ¡qué cruelmente me veía frustrado por la doble experiencia dolorosa de mi defecto auditivo! Y me era imposible decir a la gente: "¡Hablen más alto, griten, que soy sordo!" ¿Cómo podría haberme resignado fácilmente a la debilitación de un sentido que tenía para mí un valor mucho más alto del que podía tener para otro cualquiera; un sentido que yo había poseído en la más alta perfección, en una perfección no igualada, sin duda, por ninguno de mis colegas?

No, ¡no podía hacerlo! Perdónenme por eso si me ven desviarme cuando debía mezclarme en las alegrías de ustedes. Mi desgracia es doblemente penosa viendo que es la causa de que no se me comprenda. Para mí no puede haber goce en las relaciones humanas, ni conversación ni intercambio de pensamientos con mis semejantes. Estoy obligado a vivir en el destierro más absoluto.

Cuando me aproximo a los extraños he de sobreponerme a un febril temor de descubrir mi condición. Esto me ha ocurrido durante los últimos seis meses que he pasado en el campo. El consejo de mi inteligente médico de que me ahorre todo lo posible mi sentido del oído está de acuerdo con mi actual estado de ánimo, aunque mi afán social me tiente algunas veces, pero ¡qué mortificación!, cuando alguien a mi lado oía a lo lejos una flauta cuyas notas yo no podía oír, o el canto de un pastor que tampoco llegaba a mis oídos. Esto me ponía al borde de la desesperación y poco me faltaba para quitarme la vida. Sólo el amor al arte lo evitó. Me parecía imposible abandonar el mundo antes de realizar todo aquello a lo que siento que estoy destinado. Y es por eso que continúo viviendo esta horrible vida, una vida en la que no es de esperar cambio alguno que alivie la situación de mi espíritu. Ahora debo escoger la paciencia como guía de mi existencia. Ya lo he hecho y espero permanecer firme a mi decisión, hasta que el lento "Destino" quiera cortar el hilo de mi vida. Tal vez mejore, tal vez no. Estoy preparado. ¡Tener que volverme filósofo a los veintiocho años! Eso no es cosa fácil para nadie y menos para un artista como yo. ¡Oh, Dios, que ves en el fondo de mi alma y sabes de mi amor a mis semejantes y a todos los sentimientos que habitan en ellos!

Cuando lean esto algún día, recuerden que han sido injustos conmigo, y que el hombre que parecía tosco y rudo era en realidad un desgraciado que, a pesar de todos los impedimentos de la naturaleza, hizo todo lo posible por llegar a la altura de los verdaderos hombres y de los verdaderos artistas.

Ludwig van Beethoven

El principio

Ludwig van Beethoven nació en la ciudad de Bonn, a orillas del Rihn, entre el 16 y 17 de diciembre de 1770, en una modesta casa marcada con el número 515 de la calle Bonngasse; la ciudad de Bonn era entonces una villa modesta, por lo menos en lo que se refiere a la población, pues no pasaba de unos ocho mil habitantes, lo que actualmente no sería más que un pequeño pueblo; sin embargo, era una ciudad de importancia comercial y política, debido a que era un importante principado y sede de los poderes eclesiásticos de la región de Colonia. La madre, de humilde origen, se llamaba Katerina Kerwerich, y se ganaba la vida como sirvienta en alguna de las casas señoriales de la ciudad. Siendo muy joven, se casó con un camarero que falleció al poco tiempo y ella quedó viuda y sin hijos. Su segundo marido fue Johann van Beethoven, con quien tuvo ocho hijos, el primero de ellos a quien llamaron Ludwig, murió durante el primer año de vida, pero pronto dio a luz un segundo hijo varón, a quien también llamaron Ludwig; ése fue el hijo considerado primogénito, y precisamente quien llegaría a ser el gran Ludwig van Beethoven. Después nacieron Karl y Johann, y luego otros tres varones y una niña, pero todos ellos murieron a temprana edad.

El padre era un hombre vulgar, poseído por la bebida y dado a francachelas y devaneos, por lo que la madre era quien representaba y mantenía la precaria estructura familiar; de ahí que el gran músico siempre recordó con gran cariño a su madre, gracias a la cual, su infancia tuvo algunos visos de calidez y ternura.

La familia Beethoven era de origen flamenco, de ahí el apellido típicamente holandés, cuyo significado en lengua flamenca es "campo de betabeles", lo que revela una condición de orden popular, a pesar del prefijo patronímico "van", que en la tradición holandesa no tenía esa connotación aristocrática del "von" alemán

La familia se había asentado, desde generaciones atrás, en la ciudad de Malinas, territorio de Flandes, de donde en 1731, había partido el abuelo Lodewijk, quien apenas contaba con unos 20 años de edad y seguramente una fuerte motivación por la aventura y la búsqueda de fortuna como muchos de sus contemporáneos de mediados del siglo XVIII, época en la que comenzaban a romperse los antiguos esquemas feudales y se respiraba aún aire de cambio y revolución. Lodewijk pasó una corta temporada en Lovaina y finalmente se estableció en Bonn, que en aquellos tiempos formaba parte del principado de Colonia, uno de los muchos estados relativamente independientes que en aquellos tiempos existían en lo que ahora es Alemania, y que sólo mantenían una unidad cultural en virtud de la lengua y las tradiciones comunes. Sin embargo, el principado de Colonia, y en especial la ciudad de Bonn, tenían una fuerte vinculación con la cultura francesa que en esos tiempos representaba el estilo de vida más sofisticado de Europa, y en especial significaba una mayor apertura ideológica y también económica, lo que se manifestaba con amplitud en el régimen político que entonces prevalecía, pues Bonn era la sede del arzobispado, y era precisamente un arzobispo de origen francés: Clemens August, quien fungía como gobernante, con la anuencia y el respaldo de la Santa Sede, lo que daba una gran solidez al gobierno de este príncipe, a quien el pueblo llamaba "el fastuoso", lo que revela claramente su personalidad y el estilo que se manejaba en su corte.

Tal vez el ambiente cultural de la ciudad de Bonn atrajo al abuelo Lodewijk, pues él, a pesar de su rústica condición, era músico y tenía un gran talento para el violín, el cual ejecutaba con maestría, a pesar de su corta edad y su escasa preparación formal, lo que indica una cierta propensión genética hacia la música en la familia Beethoven. Este natural talento le valió para destacarse rápidamente como violinista en la corte del arzobispo y encontrar una colocación en la orquesta que él sostenía, por lo que el joven Lodewijk pudo establecerse en la ciudad, e incluso alcanzar un cierto prestigio como músico de la corte, aunque aparentemente el sueldo percibido no correspondía a dicha categoría. Después de contraer matrimonio y seguramente para procurarse un mejor ingreso, ahora familiar, Lodewijk y su esposa instalaron un local de venta de vinos, lo que tal vez cumplió su objetivo económico, pero fue desastroso para la vida de la pareja, pues la mujer, más que dedicarse al comercio de los vinos, los consumía, adquiriendo una adicción tan acendrada que fue necesario internarla en un hospital para alcohólicos de Colonia, lugar donde fallecería.

La desafortunada pareja tuvo un solo hijo, Johann, a quien su padre encaminó hacia la música, entrenándolo con dedicación en el arte del violín, aparentemente con éxito, pues a la corta edad de 12 años fue incorporado a la orquesta de la corte, aunque el carácter depresivo del joven lo inducía con frecuencia al consumo de alcohol, al igual que su madre, tendencia que mantuvo a lo largo de su vida y que lesionó seriamente su profesión de músico, en cuyo desempeño permaneció siempre en la mediocridad. A pesar de sus crisis neuróticas y alcoholismo, Johann tuvo la fortuna de encontrar a Katerina, una mujer de carácter sereno con la que se casó a pesar de la oposición de su padre, que le tenía preparado un matrimonio de conveniencia. La joven pareja comenzó su vida marital en condiciones de extrema pobreza a causa de la inestabilidad laboral de Johann, estableciéndose en una sórdida azotea en el 515 de la calle Bonngasse, lugar que aún existe y que es reconocido como el sitio de nacimiento de su hijo, a quien pusieron por nombre Ludwig —que es una germanización del nombre flamenco del abuelo: Lodewijk—, quien, como sabemos, llegaría a ser llamado "el genio de Bonn".

En este modesto edificio nació el gran Ludwig van Beethoven

Como ya hemos dicho, la pareja tuvo en total ocho hijos, de los cuales sobrevivieron solamente tres: Ludwig, nacido en 1770, Kaspar Karl (1774) y Johann (1776). La fecha de nacimiento de Ludwig ha sido objeto de polémica, aunque se encuentra documentada en su certificado de bautismo como el 17 de diciembre, muchos biógrafos señalan el día 16, lo que resulta irrelevante, pero no lo es tanto si consideramos que su padre, Johann, acostumbraba declarar a su hijo como nacido en 1772, seguramente con el ánimo de presentarlo como un pequeño prodigio en los conciertos donde Ludwig tocaba el piano, acompañado por el violín de su padre, quien, en 1783, publicó *Tres sonatas para piano,* que se atribuían a "Ludwig van Beethoven, de 11 años de edad", dedicadas al arzobispo Maximilian Friedrich, a quien, supuestamente, el propio Ludwig escribió la siguiente nota:

¡Ilustrísimo Señor!

Desde la edad de cuatro años la música comenzó a ser la más importante de mis ocupaciones, por lo que pronto adquirí familia-

ridad con la dulce musa que disponía mi alma para las armonías puras; así aprendí a amarla, y me ha parecido que ella también me ama.

Hace tiempo he cumplido once años y desde entonces, en las horas sagradas de inspiración, mi musa me ha susurrado: "¡Haz la prueba, escribe en el papel las armonías que produce tu alma!" Pero yo pensaba en qué papel podría hacer yo como compositor a los once años, y que podrían decir al respecto los adultos expertos en el arte de la música. Esto me hacía dudar; pero mi musa insistía, y entonces yo la obedecí y he compuesto...

Siguiendo la moda de la época, y reforzado por el caso de Wolfgang Amadeus Mozart, quien fue verdaderamente un niño prodigio, el padre de Ludwig lo obligaba a trabajar desde muy pequeño, durante largas jornadas delante del clavicémbalo o el violín, lo que efectivamente produjo el efecto deseado, principalmente por las dotes naturales del niño, y no por la esclavizante y alevosa actitud del padre, quien más que apoyar el desarrollo del talento de su hijo, deseaba utilizarlo como fuente de ingresos para la familia, lo que no era un caso raro en esa época.

A pesar de su creciente alcoholismo, Johann, el padre, se sostenía precariamente en su puesto de tenor en la orquesta de la corte, lo que en realidad era una posición privilegiada en esos tiempos en que las clases populares vivían en condiciones miserables, por lo que un trabajo cualquiera en la corte, un salario fijo y el prestigio social que de ello se derivaba, hacía que la familia Beethoven fuese considerada como "burguesa", y bien hubiera podido tener un estilo de vida relativamente desahogado, pero la inestabilidad emocional del padre y su vida disipada lesionaban en forma considerable la estructura familiar y en especial su economía, por lo que la familia sufría graves carencias. Si sumamos esta conducta con la actitud tiránica hacia su talentoso hijo, podríamos tener el retrato del padre que Ludwig guardó siempre en su mente y su corazón.

En sus primeros años escolares, Ludwig se describe como un niño taciturno y retraído, en el que ya se reconocía su característica fealdad, siendo de una estatura más baja que el promedio de su edad, de cuerpo rechoncho, el cuello corto, la nariz prominente y redonda; además de que tenía un hundimiento en el lado derecho del mentón, lo que le daba un aire siniestro. Su aspecto era desaliñado y desgarbado, su tez oscura y su cabello muy negro, por lo que sus compañeros le apodaban "el español", lo que no le hacía mucha gracia. Su carácter tenía un marcado tono de timidez y melancolía, pero también se manifestaba irascible y malhumorado, lo que hacía que se aislara de los demás niños de su edad. Sin embargo, tenía periodos de afabilidad en los que se llegaban a crear las condiciones de amabilidad que le permitían participar en juegos y originar fuertes vínculos de amistad, los que sin embargo se rompían con mucha facilidad en medio de alguna de sus frecuentes crisis emocionales, en las que se manifestaba hosco y agresivo. Utilizando el lenguaje de la psicología, podríamos decir que Ludwig era un niño maniaco-depresivo con una orientación "bipolar", pues frecuentemente caía en los extremos del exagerado entusiasmo y el total abatimiento. Estos rasgos de su personalidad siguieron presentándose durante toda su vida, creándole una gran cantidad de conflictos personales y de relaciones sociales.

Recordando sus años de infancia, Beethoven refería como sus mejores momentos, aquellos que podía pasar en soledad, simplemente contemplando el campo desde la parte alta de su casa, especialmente con la ayuda de un par de telescopios que había encontrado en la azotea y que eran como sus tesoros, pues con ellos su contemplación era mucho más rica.

Pero la situación familiar se volvía cada vez más compleja y difícil, y ello afectaba considerablemente la vida del pequeño Ludwig en todos los sentidos; pero en el que resultaba más notorio era en el aspecto escolar, donde su rendimiento no era satisfactorio, en especial por su incapacidad para comprender las matemáticas, lo que pareciera extraño y hasta paradójico, ya que su talento musical tenía que haberle dado las nociones claras para entender la proporcionalidad y la geometría, además de que él podía escribir y ejecutar las partituras de música desde muy pequeño; pero en la escuela su comportamiento y su aprovechamiento dejaba mucho qué desear. Así que al terminar la escuela elemental, su padre decidió que era preferible que no perdiera el tiempo en estudios formales y se dedicara de lleno a la música, por lo que le creó un severo programa de estudios musicales y entrenamiento cotidiano, para lo cual contrató como maestro, a un cantante y actor de teatro llamado Tobías Pfeiffer, y más tarde al viejo organista flamenco Aegidius van den Eeden. Bajo la tutela de esos músicos se desarrollaron sus virtudes técnicas, seguramente en un grado bastante satisfactorio, ya que en 1752, Ludwig comenzó a recibir lecciones de parte de un músico destacado: Christian Gottlieb Neefe, quien había asumido el cargo de organista de la corte. Neefe era uno de los representantes de una sensibilidad naciente en esa época, que era una especie de avanzada del futuro romanticismo, en el sentido de que el trabajo del artista, y en especial del músico no podía entenderse solamente como un virtuosismo técnico, sino como una expresión del espíritu, y que debía estar libre de todo condicionamiento que no fuera su propia naturaleza anímicamente sublime. De hecho, él había vivido, como director musical de un teatro de la corte, los acontecimientos del decenio de 1770-80, que dieron lugar a la gradual sustitución del concepto de "maestro de capilla", por la nueva figura del músico profesional libre.

Se llamaba "maestro de capilla", al artista empleado que se encargaba de dirigir y componer música para un príncipe o señor. El término "capilla" tiene una curiosa raíz: proviene de el lugar de la iglesia donde originalmente se guardó la capa del rey santo de Francia: Luis IX. El relicario que guardaba la famosa capa se convirtió en la meta de los peregrinos que iban de todos lados a solicitar los favores y milagros del santo, y puesto que sus plegarias eran acompañadas por cantos, el término "capilla" se fue identificando con un específico lugar donde se interpreta la música (el canto "a capela" tiene el mismo origen); finalmente se convirtió en el nombre genérico de los músicos y cantantes institucionales.

Así, pues, hasta los tiempos de Beethoven, los grandes dignatarios, civiles o eclesiásticos, tenían como empleado a sueldo a un "maestro de capilla", quien fungía como coordinador de todas las actividades relacionadas con la música. El servicio al señor era, más que una función administrativa, una obligación moral, y el sueldo percibido era una graciosa dádiva, más que la compensación por servicios. En 1717, Johann Sebastian Bach fue arrestado por haberse atrevido a pedir un tiempo de licencia a su señor. Haydn, por su parte, reivindicó en sus cartas el derecho de los músicos a su propia libertad, atendiendo solamente "al oído y al corazón" para su creación artística.

Durante la segunda mitad del siglo XVIII se fue imponiendo la imagen del músico creativo e independiente; así que fue convirtiéndose en una profesión "liberal", lo que había sido un servicio subordinado; en este sentido, Beethoven llegó a convertirse en el prototipo del nuevo modelo de artista de la música, lo que tal vez se gestó por influencia de su maestro Neefe, quien fue para el joven Ludwig algo más que un instructor de música, fue también un preceptor y guía espiritual, extendiendo sus enseñanzas a la cultura general, en especial a la lectura de los grandes autores de la antigüedad clásica y a los poetas alemanes prerrománticos, como Lessing y Shiller. Más que músico, Neefe era una especie de "filósofo de la música", y su tema fundamental era la propuesta de la música como un "lenguaje del alma", concepto que transmitió a su joven discípulo, propiciando con ello una composición totalmente libre y de naturaleza intuitiva, más que académica. Fue bajo esta perspectiva que el joven Beethoven compuso sus primeras piezas para el piano, que en esos tiempos era también un instrumento nuevo, y se imponía como una herramienta expresiva por encima del clavicémbalo tradicional, cuyos acordes reflejaban cierta dureza y frialdad del estilo tradicional de componer y ejecutar; aunque es necesario señalar que el piano que se utilizaba en esos tiempos no era propiamente un instrumento de percusión por martinetes, como lo fue después, sino que las cuerdas eran "punteadas" por ganchillos, lo que producía un sonido titineante. Este instrumento fue inventado a principios del siglo XVIII por Bartolomeo Cristofori, y él lo llamó "clavicémbalo col *piano* e col *forte*", de donde surge la generalización de su nombre como "piano" (literalmente "suave").

Bajo la dirección de Neefe, y tal vez por simple rebeldía en contra de todo lo antiguo, incluyendo los instrumentos tradicionales, Beethoven se convirtió en uno de los primeros pianistas de Europa, componiendo durante toda su vida una gran cantidad de piezas precisamente para el piano, instrumento que llegaría a identificarse plenamente con el gusto romántico.

Un joven sin armonía

Por aquellos tiempos, y de acuerdo con la descripción de una pianista amiga suya, el aspecto de Beethoven era el de *...un muchacho pequeño e insignificante, de rostro desprovisto de belleza y siempre ruborizado, cubierto por pequeñas cicatrices dejadas por la viruela. El cabello oscuro le caía a mechones por la frente y el cuello. Vestía de modo ordinario, con el desaliño por entonces de moda.*

Por lo que respecta al carácter, al parecer Beethoven, en aquellos tiempos se manifestaba en algunas ocasiones de lo más vivaz y alegre, pero también muy voluble, pues repentinos cambios de humor lo llevaban a largos silencios e imprevistas depresiones. En esos periodos se presentaba ante los demás con una actitud hosca e irreverente, tanto, que resultaba intratable, incluso para los amigos más íntimos. Aparecía en él un carácter "típicamente flamenco", como afirmaban algunos de sus contemporáneos, y por cierto, que Ludwig se sentía orgulloso de parecerse en ello al abuelo paterno, Lodewijk, quien sin duda había sido la personalidad más notable de la familia.

En 1784, Beethoven ingresó a la orquesta de la corte como ejecutante del clavicémbalo y la viola, puesto que le había conseguido su maestro Neefe, y que era por lo menos un honor y reconocimiento a su calidad como músico, pero no una solución para su economía y la de su familia, pues de entrada, no se le concedía ningún sueldo. Es de notarse que el caso era inusitado aun en esa época, pues Ludwig contaba apenas con 14 años de edad.

En ese mismo año se produjeron acontecimientos importantes en Bonn. El príncipe Maximilian Franz, de 20 años, último hijo de la emperatriz María Teresa de Habsburgo, sucedía a Maximilian Friedrich en el gobierno de la ciudad, lo que supondría una serie de cambios. En primer lugar, el joven príncipe se propuso poner al día el ambiente cultural de Bonn, en el sentido de la corriente de la *Ilustración* que provenía de Francia y animaba a toda Europa. Dentro de este nuevo clima humanístico propició una gran apertura cultural, alentó el estudio de las artes y las ciencias, sentando las bases para la creación de una universidad.

Apenas instalado en Bonn, y apasionado de modo particular por la música al igual que todos los Habsburgo, no sólo dispuso que una pequeña orquesta lo acompañara a todos lados, sino que también quiso comprobar personalmente la calidad de los músicos de su capilla. Fue entonces que el príncipe se dio cuenta del gran talento del joven Beethoven, a quien no vaciló en nombrar segundo organista, asignándole una paga de 150 florines anuales, lo que era una generosa cantidad.

Aquello era tanto como una consagración oficial para Beethoven, y en estas circunstancias transcurrieron algunos años de relativa tranquilidad; pues ahora, por primera vez, aportaba a su casa un salario regular, mismo que aumentaba impartiendo, un poco a disgusto, clases de piano. El ingreso de Ludwig, sumado al de su padre, hacía que la familia pudiese vivir en condiciones menos difíciles, e incluso permitían a Beethoven destinar algún tiempo para profundizar por sí solo en sus estudios literarios y filosóficos, pues su educación formal se había limitado a las enseñanzas recibidas en la escuela elemental. La amplia cultura que después demostrara fue sin duda un desarrollo autodidacta, lo que se pone en evidencia en una carta de 1809 que envía a unos editores en solicitud de una gran cantidad de libros: *No hay en la actualidad casi ningún tratado que resulte demasiado docto para mí. Sin presumir de poseer una verdadera erudición, me he esforzado desde la infancia por comprender el pensamiento de los mejores y más sabios de cualquier época. Resulta vergonzoso el artista que no se lanza a esas lejanías.*

La orquesta de la corte en la que participaba el joven Ludwig, al igual que muchas otras de su tipo, se dedicaba a la interpretación de los géneros en boga, particularmente sinfonías, conciertos y música de cámara. A diferencia de los conciertos, las sinfonías se caracterizaban por el hecho de que en ellas participaban todos los instrumentos de la orquesta en su conjunto; en los conciertos se destacaban uno o más instrumentos en funciones de solistas, mientras que todos los demás intervenían a manera de coro. Por otra parte, la música "de cámara", como se comprende, era ejecutada en un salón relativamente pequeño y por un grupo reducido de músicos. La maestría del joven Ludwig como solista e instrumentista de la orquesta del príncipe Maximilian era apreciada por todos los miembros de la nobleza y la gente importante de Bonn. Llegó un momento en que los personajes de la ciudad solicitaban con insistencia sus servicios como maestro de música para sus hijos, y era invitado a tocar en los salones más refinados.

En aquellos tiempos, en las clases altas de Europa, tanto aristocráticas como burguesas, se acostumbraba que los niños tuvieran una educación musical, pues se consideraba ésta como la más sublime de las artes y era considerado como tema de conversación en las tertulias de la alta sociedad. Con frecuencia la propia dueña de la casa, sus hijos o algún invitado especial ejecutaban alguna melodía al violín o al piano para agasajo de sus invitados, aunque realmente se trataba de poner en evidencia el esmero en la educación de la familia. Esta clase de refinamientos culturales se acostumbraban también en la alta sociedad de la pequeña ciudad de Bonn, en 1787. Una de las personalidades aristocráticas más célebres de la ciudad, gran amigo del príncipe y conocedor de música, era el conde Ferdinand von Waldstein, quien había escuchado algunas interpretaciones de Beethoven en salones de la corte y de inmediato reconoció su talento, por lo que decidió ayudarlo, intuyendo que se trataba de un muchacho especial, cuyo temperamento, natural disposición para la música y dedicación podrían llevarlo a la trascendencia.

Con la anuencia del príncipe Maximilian, el conde decidió subvencionarle un viaje de aprendizaje a Viena, ciudad en la que Beethoven podría encontrar un ambiente propicio para el desarrollo de su arte, además de que allá podría encontrarse con el músico más renombrado del momento, que era Wolfgang Amadeus Mozart, a quien el conde conocía personalmente.

La experiencia de Viena

Beethoven partió hacia Viena el 7 de abril de 1787, a la edad de 17 años, llevando consigo una carta de presentación del príncipe Maximilian Franz para su hermano, el emperador José II, quien gobernaba en aquellos momentos el territorio de Austria y tenía su sede en Viena, que en esos tiempos era considerada la capital de la música, y siendo José un miembro de la familia Habsburgo, era por tradición un apasionado de la música, al igual que su madre, la reina María Teresa, quien acostumbraba reunir a la aristocracia precisamente en torno de la música, ofreciendo continuamente toda clase de recitales y espectáculos, costumbre que se continuó durante el reinado de José. Los nobles vieneses eran conocidos como grandes mecenas, y muchos de ellos sostenían de su pecunio orquestas enteras, rivalizando entre ellos para obtener los mejores ejecutantes, lo que era un formidable estímulo para los músicos austriacos y extranjeros, y además un enorme reto, pues obviamente era Viena el mayor centro de competencia entre los talentos de la época.

La baja nobleza y la burguesía, si bien no podían participar en los conciertos de la corte, eran asiduos a los conciertos públicos, que en Viena eran frecuentes y de gran calidad, por lo que el pueblo en general tenía el gusto, la experiencia y la educación para discriminar entre los buenos artistas y los mediocres, que inmediatamente eran detectados y rechazados.

Beethoven llegó a Viena en la primavera de 1787, cuando Mozart tenía 31 años y se encontraba en plena madurez y producción artística, aunque atravesaba por momentos críticos en un sentido emocional, aquejado por una severa melancolía, lo que era propio de su carácter aprensivo y extremadamente complejo. Por estas circunstancias y porque el famoso Mozart era constantemente asediado por jóvenes músicos que llegaban a Viena para buscar su realización artística, y por supuesto lo primero que hacían era solicitar una entrevista con el joven maestro para someterse a su juicio, no era precisamente el momento adecuado para que Ludwig, demasiado joven, mal vestido, hosco, desgarbado y con un fuerte y vulgar acento renano pudiera ser bien recibido por el atribulado maestro; sin embargo, la entrevista se realizó, en virtud de que Ludwig era apoyado por el propio príncipe Maximilian, así que fue invitado a improvisar delante del grupo que acompañaba a Mozart, quien, en principio, y tal vez por desconsideración al talento del joven provinciano, dejó sentir que no creía que aquello hubiese sido una improvisación, que seguramente el joven traía en la memoria esa pieza; pero al darse cuenta de

Beethoven improvisando frente a Mozart y la alta sociedad vienesa.

aquella sospecha de Mozart, Beethoven pidió que, en una segunda audición, el propio maestro señalara el tema que él debía desarrollar. Así lo hizo, y Beethoven realizó de manera magistral una serie de variaciones sobre al tema, con lo que Mozart, sorprendido, vaticinó ante los presentes que llegaría a hablarse mucho de ese muchacho.

Por su parte, Beethoven mantuvo siempre una cierta reserva respecto a Mozart. Unos años después, habiendo ya fallecido el maestro, se preguntó a Beethoven quién consideraba que había sido el mejor de los autores difuntos, él respondió que, en principio, había considerado a Mozart el mejor, pero eso antes de haber conocido a Hëndel. Por otro lado, es conveniente considerar que en el tiempo de aquella entrevista, al tener ya una cierta fama como músico en Viena, Beethoven no podía librarse de las continuas y enojosas comparaciones con su idolizado predecesor; aunque, como es de sobra conocido, Mozart pasó los últimos años de su vida en continua zozobra económica, derrumbe psicológico e indiferencia social, al grado de que al morir nadie se ocupó de sus exequias y fue sepultado en una fosa común. Pero, como suele suceder, su fama creció a partir de su muerte, llegando en poco tiempo a ser considerado como el músico más importante de todos los tiempos, lo que se proyectó como una sombra sobre todos los artistas creadores de la época, incluyendo, por supuesto, a Beethoven, quien desde sus primeros tiempos en Viena generó sus propios admiradores, que lo consideraban técnica y estéticamente superior a Mozart, lo que no deja de ser, aun ahora, otra de esas odiosas comparaciones.

De cualquier manera, el encuentro inicial y único entre los dos grandes maestros de la música alemana representó un fiasco para el protector de Beethoven, el conde von Waldstein; pues él había puesto sus esperanzas en una pronta y cálida acogida por parte de Mozart a su protegido, en virtud de su incuestionable talento musical. Pero no fueron igual de fríos e indiferentes otros críticos musicales que asistieron a las primeras presentaciones de Beethoven en Viena, como puede verse en la opinión de uno de ellos: *Su virtuosismo sólo puede apreciarse en su plenitud si se tiene en cuenta la riqueza inagotable de sus ideas, su modo originalísimo de amortiguar el sonido y la perfección con que interpreta. Yo no sabría decir qué le falta para llegar a ser un gran artista. He escuchado a Vogler en el piano; pero Beethoven, aparte de la perfección técnica, es más elocuente, más incisivo, más expresivo, en suma, posee más corazón.*

Beethoven pasó sólo tres meses en Viena, aprovechando al máximo su estancia para disfrutar de todos los espectáculos, que en su pequeña ciudad no eran frecuentes ni en calidad ni en cantidad. A finales de junio emprendió el viaje de regreso a su tierra, aunque podemos suponer con un profundo sentimiento de frustración por no haber conseguido nada en concreto, pero también sumido en una gran inquietud, pues su regreso se había precipitado por una carta de su padre en la que le informaba que su madre se encontraba gravemente enferma, por lo que le pedía que regresara de inmediato.

Finalmente, después de 10 días de viaje, llegó a Bonn y se encontró con una situación todavía más angustiosa de lo que había supuesto, pues su madre se encontraba en estado terminal, víctima de la tuberculosis, la familia no tenía dinero y el padre se encontraba todo el tiempo alcoholizado. Así que su experiencia vienesa quedó atrás de cruel manera, pues la realidad se le impuso bruscamente; tuvo que asumir el rol de jefe de familia y volver de inmediato a su trabajo en la orquesta de la corte.

La madre, Katerina, murió el 17 de julio de ese año, y para Beethoven fue una gran conmoción, como expresa en una carta dirigida al doctor von Shaden: *...Fue para mí una madre muy buena y querida. Era como mi mejor amiga. ¿Quién hubiera sido más feliz que yo cuando todavía podía pronunciar el nombre de "madre", y encontrando de inmediato una respuesta por parte de ella?... ¿A quién podré decírselo ahora?*

Una familia sustituta

La desesperación que siguió a la muerte de la madre dejó al joven Ludwig una huella profunda y duradera, por lo que no hay que sorprenderse de que ese estado de ánimo se reflejase también en un plano artístico. En lo años 1788 y 1789 prácticamente no compuso nada, además de que se mostraba muy poco tolerante con lo que consideraba un pobre ambiente cultural en su ciudad, tal vez comparándolo con el de Viena; en especial le molestaba el ser requerido para tocar en las tertulias de los ricos de Bonn, a quienes despreciaba por su escasa cultura y falta de sensibilidad artística; además de que las costumbres de la época le imponían un comportamiento excesivamente formal, lo que entraba en contradicción con la exuberancia emocional de su naturaleza flamenca, y sobre todo con las ideas del romanticismo precoz, humanista y revolucionario que había impreso en su persona el maestro Neefe y que él mismo había venido cultivando, pues más que su origen y situación personales, lo que más condicionaba su carácter era la nueva sensibilidad que poco a poco se iba imponiendo en la cultura alemana, y que eran los primeros visos del Romanticismo, como una corriente totalizadora, que cuestionaba seriamente la conducta y el pensamiento tradicionales de las clases nobles y burguesas.

En medio de una crisis no solamente personal, sino también filosófica y social, Ludwig tuvo la suerte de entrar en contacto con una de las familias culturalmente más abiertas de Bonn, sin cuyo apoyo seguramente se habría encerrado en su melancolía de manera peligrosa para su propia salud mental. La familia von Breuning le abrió las puertas de una casa que llegó a ser como la suya y en la que encontró todo lo que le había faltado en su propio hogar: calidez emocional y un ambiente culturalmente refinado.

La señora Helene von Breuning, viuda de un consejero de la corte, se había quedado sola con cuatro hijos qué educar. De acuerdo con las costumbres de la época, ella quería que tomaran lecciones de piano, en especial los más pequeños: Eleonore y Lorenz; así que se dirigió a un joven amigo de la familia, Franz Wegeler, pidiéndole que le recomendase un buen maestro. Franz era estudiante de medicina de la Universidad de Bonn, y era uno de los escasos amigos íntimos de Beethoven, así que le habló al respecto, y Ludwig aceptó de buen grado la propuesta, seguramente motivado por el sueldo.

La señora von Breuning acogió a Ludwig con mucho afecto, y él quedó muy gratamente impresionado por la personalidad de la dama, además de su delicada belleza. La hija mayor, Eleonore, a quien llamaban Lorchen, era solamente dos años más joven que Ludwig y había heredado las dotes de la madre. Entre los dos jóvenes se estableció de inmediato un vínculo de amistad que bien podría haber tenido visos de enamoramiento, lo que produjo en Ludwig un renacer de la vitalidad y la salida de su lastimoso estado depresivo. Más tarde, en 1802, Lorchen se casó con Franz Wegeler, el amigo que lo había introducido en la casa; pero entre los tres habría de establecerse una serena amistad que duró toda la vida.

Así que Ludwig se dedicó con alegría a dar lecciones de música a Lorchen y Lorenz, y la madre de ellos prestaba atención al estímulo intelectual de todos, incluyendo al joven maestro, quien era tratado como un miembro más de la familia y participaba de las lecturas en común y las frecuentes conversaciones sobre arte, filosofía y literatura; ahí se leía a poetas y dramaturgos como Shiller, Shakespeare y Goethe. En las tertulias culturales participaba también el hijo mayor, Stephan, quien tenía la misma edad de Ludwig y llegaría a ser uno de sus mejores y más fieles amigos.

Muchos años después, Franz Wegeler describiría así las relaciones entre el joven Ludwig van Beethoven y la casa von Breuning: *De inmediato se le trató como a un miembro de la familia, él pasaba en la casa no solamente la mayor parte del día, sino con frecuencia también la noche. Ahí se sentía libre y se comportaba con desenvoltura; todo parecía concurrir a darle contento y a desarrollar su personalidad. Yo era mayor que él (cinco años), por lo que estaba capacitado para advertir sus cambios de conducta. La señora von Breuning ejercía un total dominio sobre aquel muchacho, a menudo extravagante y siempre arisco.*

La mística revolucionaria

Su antiguo amor por los estudios literarios, ahora reavivado por la atmósfera de la casa Von Breuning, indujo a Ludwig a inscribirse en la facultad de Filosofía de la Universidad de Bonn; que apenas se había erigido unos años antes y, tal vez por tener la misma frescura de sus jóvenes alumnos, era un terreno abierto a las nuevas corrientes de la cultura ilustrada francesa, al nuevo pensamiento de Kant y a la poesía de Shiller. En esos momentos, la Universidad de Bonn era el centro del llamado *Aufklärung* (iluminación o esclarecimiento), o sea, la "Ilustración alemana". Ludwig inició sus estudios en 1789, cuando en la vecina Francia estallaba la Revolución; pero también en los territorios alemanes se sentía la agitación de las nuevas ideas. Las ciudades renanas, que a excepción de Frankfort no llegaban a los 30 mil habitantes, eran también focos de una intensa vida intelectual, lo que se centraba en la actividad literaria y la proliferación de diarios y revistas, en los que se publicaban los mensajes de los ardientes defensores de la Revolución. Hay que decir que fue en esta época, en la segunda mitad del siglo XVIII, en la que surgió el concepto moderno de "información periodística" y de la "industria editorial" como un fenómeno masivo.

También los personajes que frecuentaban la casa Von Beuren estaban abiertos a la tendencia revolucionaria, así como la mayoría de los profesores que enseñaban en la universidad, uno de los cuales, particularmente afín a las ideas francesas era Euloge Schneider, quien enseñaba literatura alemana, y a cuyas lecciones acudía regularmente el propio Beethoven. Más tarde, a raíz de la ocupación napoleónica, Schneider habría de hacerse famoso debido a la aplicación cruenta de los principios revolucionarios, de los que él mismo llegaría a ser víctima, mediante la guillotina. El año siguiente al de la toma de la Bastilla, Schneider publicó un libro de poemas revolucionarios, y entre los suscriptores figuraban los nombres de Helene y Stephen von Breuning, además de Ludwig van Beethoven.

Así que las nuevas ideas de la Ilustración y la Revolución se encontraban fuertemente arraigadas en el ánimo de la mayoría de las personas cultas de Bonn, aunque el entusiasmo de ellos nunca los motivó a la acción, y sólo se manifestaba en las enardecidas tertulias, donde se alternaba la música y poesía con la discusión de temas filosóficos, e incluso la lectura de panfletos políticos. La Revolución Francesa fue admirada en toda Alemania, pero más bien como una nueva concepción teórica del mundo, y no como un vehículo de acción transformadora, igualitaria y antifeudal.

Ludwig asistió regularmente a la universidad, hasta que el destino le propició la realización de un proyecto largamente incubado: el traslado de su residencia a Viena.

El encuentro con Haydn

En diciembre de 1790, Ludwig cumplió 20 años, y en ese mismo año fue admitido como violinista en la orquesta teatral de la corte; aunque siguió manteniendo su cargo como segundo organista de la capilla de Maximilian Franz. En aquellos tiempos era prácticamente el único sostén de la familia; pero en el plano artístico bien podía considerarse satisfecho y con un alto grado de éxito, dada su corta edad. En el mismo año de 1790, la Asociación Artística de Bonn le encargó la composición de una "cantata", en homenaje a José II, recién fallecido. Beethoven terminó ese trabajo en apenas tres semanas, y según algunos investigadores musicales, el tercer episodio de esa cantata es un primer intento de poner música a la poesía de Shiller, que llegaría a ser el remate de su obra maestra: la *Novena Sinfonía.*

Dada la calidad de esta pieza, a los seis meses se le encargó otra cantata; esta vez en honor de Leopoldo II, hermano menor de José y nuevo emperador; tanto la primera como la segunda no pudieron presentarse en las fechas programadas, debido a que su gran complejidad dificultaba la ejecución de los cantantes y de los músicos. A pesar de la insistencia de la Asociación, Ludwig mostró su ya conocida ofuscación, y no quiso cambiar ni una sola nota.

Aunque no por encargo, Beethoven produjo una buena cantidad de piezas musicales desde 1790, hasta su partida a Viena, incluyendo sus dos primeros conciertos y alrededor de 50 piezas para piano. Pero en ocasión del carnaval de 1791, se le encargó un ballet y una serie de *Lieder,* que en su tiempo eran poemas musicalizados; para estas primeras canciones creadas por Beethoven, utilizó principalmente temas de Johann Wolfgang von Goethe, el poeta y novelista más admirado por la generación de Beethoven, y uno de los pilares del romanticismo alemán; pero de esos tiempos data también su veneración por Friedrich von Schiller, quien estaba ligado a Goethe no sólo por amistad, sino por una correspondencia de ideas y temas románticos.

El 26 de enero de 1793, un amigo íntimo de Schiller y profesor de derecho en la Universidad de Bonn, escribió una carta a la esposa del poeta, en la que decía: *Adjunto una composición sobre el poema de Feuerfarb; el autor de esta adaptación musical es un jovencito de nuestra ciudad cuyo talento es apreciado por todos y que recientemente ha sido enviado por nuestro príncipe a Viena, acompañando a Haydn. Él compondrá también el "Himno a la alegría" de Schiller, estrofa por estrofa. Espero que lo haga a la perfección, porque de por sí demuestra interés solamente por los temas sublimes y grandiosos.*

Aunque evidentemente ya anunciado, habrían de transcurrir 30 años antes de la realización definitiva de ese proyecto de juventud; pues fue hasta la *Novena Sinfonía*, prácticamente la última obra del gran músico que se le dio forma y contenido a las ideas que se fueron incubando desde las etapas más tempranas.

Pero fue precisamente gracias a las cantatas a las que hemos aludido arriba, que el gran músico Franz Joseph Haydn, de paso por Bonn en 1792 por invitación del príncipe Maximilian, que se formó un juicio muy favorable del joven compositor y lo expresó públicamente, lo que le dio a Beethoven la pauta para pensar que era inevitable que se trasladase a Viena para poder cumplir su destino. El encuentro con Haydn, producido en el salón del palacio del príncipe en donde se hospedaba el maestro, fue recordado por el propio Beethoven como decisivo para su carrera artística, pues lo determinó a dejar su ciudad y aventurarse a buscar la fama en el lugar más difícil de Europa.

Haydn, por entonces de 60 años, a pesar de la considerable diferencia de edad, había sido gran amigo de Mozart (muerto en 1791), y era considerado en aquellos tiempos como el mejor compositor vivo, por lo que se le había otorgado poco antes la distinción *Laurea ad Honorem* en Oxford.

Haydn se había aventurado en todos los terrenos de la música, destacando en todos ellos, y era llamado lo mismo el "padre de la sonata", que de "la sinfonía" o "el cuarteto". Sus obras maravillaban sobre todo por la simplicidad de la invención y la frescura del lenguaje musical. El propio Beethoven llegó a sentir una gran duda en componer piezas para cuatro instrumentos, pues era tanta su admiración por los cuartetos de Haydn, que no se atrevía a compararse con el maestro.

Pero Haydn le insistió en ir a Viena, pues lo quería junto a él; además de que el conde Von Waldstein, quien había seguido alimentando una gran fe en Ludwig, convenció al príncipe Maximilian Franz del beneficio que la estancia en Viena traería para el joven talentoso, quien no podría seguir desarrollándose como artista si seguía de organista de capilla; seguramente el conde apeló también al amor propio del príncipe, haciéndole notar la gloria que ganaría para sí y para su ciudad por haber favorecido la carrera de un músico sobre cuya futura grandeza ya no cabía duda alguna.

Por supuesto, al príncipe le molestaba sobremanera privarse de un organista de la calidad de Beethoven, pero se dejó convencer hasta el punto de hacerse cargo de los gastos de su manutención en Viena, prometiendo asimismo seguir entregando a la familia de Ludwig la paga que se le destinaba como organista durante los dos años que se prolongaría su ausencia, pues se consideraba que éste sería un viaje de estudios y la ayuda se entendía como una beca. La partida de Beethoven se determinó para fines de 1792.

El exilio artístico

A pesar de la indigencia, de los malos tratos de su padre, y en general, de las penurias de sus primeros años, Beethoven conservó siempre una especie de nostalgia melancólica con respecto a su niñez, y nunca pudo desligarse emocionalmente de su tierna y sosegada ciudad natal, a pesar del desprecio que le dictaba su desmedido orgullo juvenil. Seguramente Beethoven se fue de Bonn con la esperanza de regresar triunfador, tal vez al término de los dos años previstos por sus mecenas; seguramente él no pensaba que su exilio sería permanente y que al llegar a Viena por segunda vez, ya no saldría de ahí durante el resto de su vida, a pesar de que la consideraba una ciudad frívola y excesivamente bulliciosa. La idea del príncipe, de su familia y de él mismo era el estudio y la experiencia formativa que representaba la inmersión en el ambiente cultural de una de las capitales más importantes de Europa, y aquella estancia no se concebía como un cambio de vida; sin embargo, en el ánimo de Ludwig había una premonición, pues se ocupó de dejar a su familia bien organizada y con suficientes recursos, pues además de su sueldo de organista, promovió una pensión para su padre, y con ambos ingresos se aseguraban los estudios de sus dos hermanos, Karl de 18 años, y Johann, de 16, con lo que ellos quedarían protegidos hasta que pudieran tener ingresos propios.

Unos días antes de su partida, Ludwig preparó un álbum y convocó a sus amigos para que le escribiesen en él algunas palabras de estímulo y despedida. Lorchen von Breuning transcribió ahí una frase del poeta Herder: *Que la amistad, junto con el bien, crezcan como la sombra de la noche hasta que se apague el Sol de la vida.* Además, la muchacha le regaló un ramillete de flores cultivadas a orillas del Rihn, y le prometió enviarle a Viena un chaleco bordado por ella misma. En ese álbum aparecen también las palabras del conde Von Waldstein: *Finalmente va usted a Viena para satisfacer un deseo largamente acariciado. El genio de la música está de duelo y llora por la muerte de su discípulo, Mozart. Junto al inagotable Haydn ha encontrado usted un refugio, pero no una ocupación; ahora mismo desearía encarnarse nuevamente en un espíritu superior; que sea usted quien reciba, gracias a su trabajo incesante, el espíritu de Mozart de las manos de Haydn. Bonn, 29 de octubre de 1792.*

El 2 de noviembre, Beethoven subió a la diligencia que haría el camino a Viena.

Viena y la madurez

En los primeros días de noviembre de 1792, mientras Beethoven viajaba rumbo a Viena, el ejército revolucionario francés intentaba conquistar la Renania. Tan sólo un mes y medio antes, el 21 de septiembre, la Convención francesa había declarado la caída de la monarquía y destituido al rey. La guerra con las otras monarquías había estallado de manera consecuente, pues la Francia revolucionaria había manifestado claramente su intención de liberar a los demás pueblos de Europa de la tiranía de sus monarcas, por lo que la Revolución tendía a extenderse, en especial a lo que Francia consideraba sus "fronteras naturales", que incluían los territorios de la Renania, donde habían encontrado refugio la mayoría de los aristócratas franceses, y hasta el propio Luis XVI había intentado infructuosamente llegar a Bonn, dado que el príncipe Maximilian Franz era hermano de María Antonieta.

En esas circunstancias, el recorrido de Bonn a Viena podría ser peligroso, aunque no podía determinarse el verdadero riesgo; de cualquier manera, durante el trayecto, el joven músico se topó con el ejército del general Hesse, quien había acudido para reforzar a las pequeñas fuerzas renanas que estaban dispuestas a repeler la supuesta agresión francesa que, por lo menos hasta ese momento, era solamente un rumor. Beethoven se vio obligado a insistir, e incluso sobornó al cochero para que continuara el viaje, pues él no quería transitar por donde pudiera suscitarse una batalla o quedar imposibilitado de hacer el trayecto de regreso.

Era noche cerrada cuando, el 10 de noviembre de 1792, Beethoven por fin llegaba a Viena. El carruaje lo dejó con su escaso equipaje frente al palacio del príncipe Karl Lichnowsky, quien había puesto a su disposición un departamento en el último piso. El príncipe era una personalidad en la nobleza de Viena y amigo íntimo de Maximilian Franz, quien le había escrito desde Bonn para solicitarle que diera hospedaje al joven Beethoven, aduciendo que era un músico de gran talento y seguro porvenir.

Al día siguiente de su llegada, Ludwig fue a visitar a Haydn con el fin de concertar con él las condiciones de las previstas lecciones de música que eran el principal objetivo de su viaje, pero el viejo músico lo recibió con cierta frialdad; el entusiasmo que había manifestado en Bonn parecía haberse diluido, además de que en esos momentos se encontraba dedicado a la organización de su próxima gira por Inglaterra y ocupado en la preparación de las sinfonías que allá tendría que dirigir; así que, en pocas palabras, Haydn no tenía tiempo para dedicarse a la educación de un joven organista de Bonn, de quien ya casi había olvidado el rostro y hasta el nombre. La autorizada intervención del príncipe Lichnowsky, quien le recomendaba por carta a Beethoven, influyó sin embargo para que el maestro aceptara impartir las lecciones prometidas, aunque sin dedicar a ellas el tiempo y entusiasmo que se esperaba de él.

A causa de esta actitud, Ludwig jamás se sintió justamente valorado por Haydn y no dudó en reprocharle su método de enseñanza, que, según Beethoven, transmitía una técnica superada y que poco aportaba a su ya sólido conocimiento musical. Más adelante habría de sostener tajantemente que *no había aprendido nada de las enseñanzas de Haydn;* y por sus anotaciones sabemos que de 200 ejercicios que el maestro debía supervisarle, apenas le fueron calificados cuarenta.

Haydn partió hacia Londres en enero de 1794. Al parecer, durante una de las lecciones se dirigió al alumno de la siguiente manera: *A mi entender, en sus obras siempre habrá algo, no digo que extraño, sino inesperado, insólito; por cierto que tiene usted muy hermosas páginas, y algunas admirables; pero por aquí y por allá hay algo raro, sombrío, porque incluso usted lo es, y siempre es el hombre el que hace el estilo del músico.*

El pequeño gran mundo

Antes de que Beethoven partiese de Bonn, el príncipe Maximilian Franz se había comprometido a pagar los gastos de su manutención en Viena mientras recibiese lecciones de Haydn. Una vez que éstas se interrumpieron, el príncipe puso en conocimiento del joven músico que ya no estaba dispuesto a mantenerlo más allá del tiempo previsto. Probablemente esperaba que Ludwig, privado de aquellos recursos, volviese a Bonn y retomara su cargo en la capilla de la corte, pues contar entre sus músicos con un joven talentoso y que además había estudiado con Haydn en Viena, sin duda era para el príncipe un motivo de orgullo. Pero no estaba en el ánimo de Beethoven el volver a su mediocre puesto en la orquesta de la corte en Bonn, por lo que decidió quedarse en Viena por tiempo indefinido, dejando a la suerte y sobre todo a su talento la definición de su destino; pues en esos tiempos la responsabilidad con su familia se había atenuado, en principio con la muerte de su padre, poco tiempo después de su partida, y sobre todo porque sus hermanos ya eran lo suficientemente mayores como para arreglárselas por sí solos. Por otro lado, él ya había realizado los rituales y la adaptación psicológica para desvincularse de su ciudad natal, aunque seguía fomentando su relación con los amigos por carta, especialmente con la familia Von Breuning; en cambio, Viena le ofrecía una amplia gama de posibilidades para el desarrollo de su arte y el florecimiento de su talento.

Así que, privado de los favores del príncipe Maximilian, Ludwig tuvo que ocuparse de ganar el sustento de alguna manera, lo que se volvió un problema mayor por el hecho de que no quería depender en absoluto de ningún mecenas. Sin embargo, intervino en su ayuda el príncipe Lichnowsky, quien era un hombre culto, amante y conocedor de la música, por lo que reconoció con claridad las posibilidades de Beethoven ofreciéndole hospedaje, además de una renta anual de 600 florines, pero lo más importante era que el príncipe lo dejaba en total libertad para crear, sin comprometer en modo alguno su tiempo y producción.

Sin embargo, como una muestra de gratitud, Beethoven actuaba por iniciativa propia en los conciertos que el príncipe daba todos los viernes en su palacio, audiciones éstas que se llevaban a cabo por las mañanas, pues a esa hora podían participar muchos importantes músicos profesionales de la época, quienes normalmente tenían compromisos por las noches. Beethoven dedicó al príncipe Lichnowsky algunas de sus primeras y más interesantes obras, como los *Tres tríos para piano, violín y violonchelo, op. 1, la Sonata "patética" y la Segunda Sinfonía.* La primera de estas obras se remonta a 1793, y sus acordes probablemente ya habían sido esbozados en Bonn. El hecho de clasificar a estos tres tríos para piano con el número uno, denota una decisión para presentarlos como su primera obra madura, realizada ya en Viena.

Como ya hemos mencionado, los músicos del siglo XVIII, incluyendo a Beethoven, sentían una gran necesidad de liberarse de los condicionamientos del tradicional mecenazgo y buscar su independencia en el aspecto económico, pero sobre todo en el ámbito de su creatividad, pues sólo así podían dedicarse a la auténtica búsqueda de la expresión de ideas y emociones nacientes de su propia sensibilidad, y de una concepción del mundo que estaba en proceso de cambio. Pero los que abandonaban la seguridad que brindaba la protección de un poderoso, sólo disponían de tres recursos para sostenerse y conservar su libertad: los conciertos públicos, las lecciones de música y la venta de sus composiciones a un editor.

En sus primeros años vieneses, también Beethoven recurrió a las lecciones, con objeto de mantener abierta la vía de su libertad económica, a pesar de que la ayuda del príncipe Lichnowsky era en verdad desinteresada y no coartaba la vocación creativa de su protegido. A causa de su creciente fama, ciertamente apoyada por el propio príncipe, Beethoven no tenía dificultad alguna para encontrar alumnos entre los miembros de la aristocracia vienesa, por lo que su vida se transformó radicalmente al quedar inserto en aquella sociedad opulenta y sofisticada que él mismo llamaba "gran mundo", por lo que comenzó a cuidar de su persona, tanto en sus modales como en su vestimenta. En una carta de 1793, dirigida a Eleonore van Breuning, se lee: *... Mi dilecta amiga; quisiera tener de nuevo el placer de poseer un chaleco de lana de angora bordado por sus propias manos. De un modo estrictamente confidencial, debo decirle que en mi deseo hay también una pizca de vanidad. Es cierto que tengo todavía el primer chaleco, aquel que con tanta gentileza me regalara en Bonn, pero desgraciadamente ya está tan pasado de moda, que únicamente puedo conservarlo en el armario.* En esa misma carta Beethoven promete a Lorchen dedicarle una de sus últimas composiciones: la *Sonatina en do mayor. Únicamente quisiera* —escribe— *que la obra fuese lo suficientemente grande para ser digna de usted.* Desgraciadamente de esa "Sonatina", nos han llegado solamente los primeros dos tiempos, pero se considera uno de los mejores trabajos de juventud de Beethoven.

En aquella época dedicaba una parte de su tiempo a impartir lecciones, otra a la creación y el resto a recibir él mismo lecciones; incluso después de la partida de Haydn a Londres no dejó sus estudios musicales, asistiendo regularmente a los cursos de otros insignes maestros vieneses, entre los que figuró el severo Johann Georg Albrechtsberger, organista de la corte y maestro de capilla en el *Stefansdom* de Viena, quien era muy reconocido por su magistral manejo del contrapunto, además de por un apego a la formalidad que rayaba en la intolerancia. A partir de enero de 1794,

Beethoven recibió clases con ese personaje y desarrolló bajo su guía, un riguroso curso de estudios que duró 15 meses, durante los cuales profundizó en la tradicional técnica del contrapunto, que consiste en superponer dos o más líneas melódicas.

Durante sus primeros años en Viena, Beethoven fue un asiduo discípulo del compositor italiano Antonio Salieri, quien llevaba mucho tiempo viviendo en Viena y que había sido durante un largo periodo, maestro de capilla de la orquesta de la corte, pero desde 1790 había abandonado el cargo para dedicarse a la composición y enseñanza, contando entre sus alumnos, además de Beethoven, a otros músicos que llegaron a ser ilustres, como Liszt y Shubert. Sobre la personalidad de Salieri han surgido muchas leyendas, e incluso se dice que hizo envenenar a Mozart por celos profesionales, lo que es totalmente infundado y calumnioso.

Las lecciones que Beethoven tomó del maestro Salieri se prolongaron por bastante tiempo, hasta 1803, aunque no de manera continua. Con Salieri, Ludwig aprendió detalladamente la técnica, por entonces de moda, de tratar en música la lengua italiana, lo que asimiló muy bien y pudo componer una serie de 26 duetos y tercetos con base en los textos del poeta Metastasio. Esta musicalización poemática se ha conservado en sus originales, en los que se encuentran las notas de corrección del propio Salieri.

En Viena, Beethoven tomó también lecciones de violín, pero en lo que respecta al piano, desde la salida de Haydn, no encontró un mentor adecuado. De cualquier manera, tanto las frecuentes presentaciones en los salones aristocráticos como los asiduos ejercicios a los que constantemente se sometía, lo condujeron a mejorar cada vez más su técnica, así como llegar a mostrar una gradual innovación.

Hacia fines de 1794, la fama de las interpretaciones pianísticas de Beethoven se difundía por los palacios, y casi podría decirse que, en la Viena de su tiempo, no había un evento social que pudiera considerarse un éxito sin la intervención del joven Ludwig al piano. Marqueses y archiduques decían apreciar en especial su arte de improvisador y su extraordinaria habilidad pianística. *Resulta difícil* —escribió un crítico vienés— *imaginar la grandeza de su talento. Por belleza expresiva y por habilidad técnica, sus interpretaciones se diferencian del modo de tocar al que estamos habituados, como si se hubiese creado un estilo propio.*

La originalidad del estilo de Beethoven consistía, sobre todo, en los violentos contrastes entre el *piano* y el *forte,* de lo que resultaba una sonoridad realmente especial, que se reforzaba por el uso constante del pedal de resonancia, lo que daba a sus ejecuciones un "efectismo" inusitado.

En gran parte, el éxito pianístico de Beethoven en esa época se debía a la novedad del instrumento mismo y a la creciente importancia que éste iba adquiriendo a finales del siglo XVIII, convirtiéndose en un instrumento de moda en los círculos más refinados de toda Europa, y en el vehículo fundamental de la nueva sensibilidad romántica.

En el caso de Mozart, el piano fue relativamente secundario, pero no se concibe el desarrollo de la obra de Beethoven sin el ingrediente del piano. De las 138 obras compuestas por él, por lo menos 84 exigen el empleo del piano, aunque dicha apreciación es aproximada, pues no contamos con el total de las partituras completas, dado que muchas de ellas fueron "improvisaciones", aunque probablemente estructuradas con antelación a su ejecución, pero no registradas en papel, o bien, perdidas a lo largo del tiempo.

La difusión impresa

El éxito de Beethoven en la aristocracia vienesa, sobre todo con sus interpretaciones pianísticas, constituyó un estímulo para la publicación de ediciones impresas de sus obras. A diferencia de Mozart, quien solamente pudo publicar una mínima parte de sus obras, Beethoven, a partir de 1794, tenía que preocuparse por la piratería de los impresos de sus obras, y tenía que elegir entre las propuestas de los editores, muchos de ellos extranjeros que buscaban la primicia de dar a conocer la obra del famoso y joven compositor; sin embargo, hay que destacar el hecho de que Beethoven se vio favorecido por el rápido desarrollo de la técnica editorial y la difusión de la música impresa, que en tiempos de Mozart no se habían desarrollado; pero la implantación de la estereotipia y la litografía, de un momento a otro abrieron un nuevo campo de difusión para los músicos, convirtiéndose en un hecho muy afortunado para Beethoven.

A finales del siglo XVIII, y sobre todo en el XIX, el trabajo de los compositores quedó ligado a la difusión impresa y a la actividad de los editores de música, quienes funcionaban como agentes de los creadores, poniendo a disposición del público, y sobre todo de las orquestas, el material musical que captaban de los creadores, quienes difícilmente podían darse a conocer sin la intervención de los editores; aunque, como ha sucedido siempre, los autores se sentían manipulados, e incluso explotados por los editores, y más aún en el caso de personajes tan susceptibles y temperamentales como Beethoven, quien alguna vez dijo: *Se alimentan de mis jugos vitales y no me dan nada a cambio.*

Entre los varios editores que manejaron la obra de Beethoven estaban Christof G. Breikopf y Gottfried C. Hartel, cuya casa principal se encontraba en Leipzig y tenía sucursales en toda Europa; además de Beethoven, estos editores se ocuparon de difundir la obra de Haydn, Mozart, Chopin, Liszt, Shubert, Shumann, Bach y Wagner, entre otros; pero la casa más importante en la vida de Beethoven fue la de los primos Carlo y Francesco Artaria, que tenían su sede en Viena. En julio de 1793, Artaria imprimió las *Doce variaciones para piano* compuestas por Beethoven sobre un tema de Mozart. La "variación" era un procedimiento desarrollado en el siglo XVII, el cual permitía modificar creativamente un tema propio o ajeno, aprovechando las otras posibilidades que habían sido descartadas en su momento o no se habían concebido.

También en 1793, el editor Simrock, de Bonn, publicó la *Variación para piano* de Beethoven sobre un tema de Dittersdorf. Nikolaus Simrock había sido colega de Ludwig en la orquesta de Bonn, en la que tocaba el corno, y había hecho su debut en el campo editorial ese año; sin embargo, la preferencia de Beethoven, se inclinó siempre hacia los Artaria, pues eran más fuertes económicamente que sus colegas vieneses, y podían ofrecer a Beethoven mayores sumas por sus obras. Hay que decir que la editorial Artaria funcionó hasta 1932, y que entonces todo el valioso material que era de su propiedad pasó a formar parte del acervo de la Biblioteca de Berlín.

Así, pues, gracias a estas ediciones y a su trabajo como concertista y compositor, en pocos años el joven Beethoven pudo afirmarse como empresario de sí mismo, libre e independiente, asumiendo el nuevo papel social del músico compositor, siendo él uno de los primeros en hacer posible ese ideal.

Primera gira

En esta progresión artística puede considerarse que el año 1795 fue decisivo en la carrera de Beethoven, pues durante ese año compuso un número significativo de obras, entre ellas la *Sinfonía en do mayor,* llamada de *Jena,* porque fue encontrada en esa ciudad en 1911, además de dos *Conciertos para piano y orquesta en do mayor y en si bemol mayor.* El segundo de esos conciertos obtuvo, especialmente, una "aprobación unánime", aun cuando Ludwig dijese luego que para él no era una de sus obras mayores.

Asimismo, fue 1795, el año del primer concierto público de Beethoven. En los primeros días de marzo tocó durante tres veladas consecutivas en el *Burgtheater* de Viena, interpretando el *Concierto en re menor* de Mozart, su *Concierto en do mayor y algunas de sus Variaciones para piano.*

El éxito de aquellas presentaciones fue extraordinario, y sobre todo fue significativo por el hecho de que la fama del compositor rebasó los círculos de la clase alta vienesa para llegar al pueblo. Él había actuado como empresario de su propio concierto, y el éxito logrado fue también en un sentido financiero, lo que le dio un fuerte impulso a su carrera.

Los últimos cinco años del siglo XVIII fueron decisivos no solamente en un sentido artístico, sino también económico; la música se convirtió en un estupendo negocio para Beethoven y, en 1796, consideró que había llegado el momento de darse a conocer más allá de los límites del Estado austriaco; por lo que organizó una gira en la que se presentaría como pianista y compositor en las más importantes ciudades de Europa, especialmente en el Norte: Praga, Leipzig, Dresde, Budapest y Berlín.

Las reacciones a esta gira fueron más bien contradictorias, pero la impresión más difundida en esos lugares donde abundaban los conocedores de música, fue que este joven compositor era extremadamente osado, como si pretendiera provocar a los auditorios con aquellos giros tan violentos y sus extravagancias de estilo. Sobre todo en Praga, el público manifestó opiniones contrapuestas; un crítico de esa ciudad manifestó que Beethoven: *Conquista nuestros oídos, mas no nuestros corazones;* mientras que el compositor Tomásek tuvo una sensación diametralmente opuesta: *El sorprendente modo de tocar de Beethoven, tan adecuado a la ardorosa entrega de su improvisación, me ha llegado al corazón de manera totalmente insólita. Me sentí tan humillado en mi más íntimo ser, que durante varios días no me atreví a tocar el piano.*

Entre el público que escuchó a Ludwig en las otras ciudades alemanas, hubo también quien lo describió como un músico extremadamente sensible y delicado, capaz de enternecer el alma y hasta de hacer llorar de emoción. Sin embargo, Beethoven no advertía todavía ese extraño efecto de una música que pretendía exaltar, más que conmover. Unos años después, escribió a una amiga sobre sus impresiones de esa gira: *Puse lo mejor de mí y esperaba un gran éxito; en cambio, ¡no gané siquiera un aplauso! El público se sentía conmovido hasta las lágrimas, y para expresarme su reconocimiento, lo único que hacía era empapar sus pañuelos. Rústico como soy, ese hecho me parecía totalmente indiferente.*

En la *Singakademie* de Berlín, las interpretaciones de Beethoven tuvieron un gran éxito, especialmente cuando inició una sorpresiva "improvisación" sobre un salmo cantado por el coro de más de 80 voces que lo acompañaba. En esa ocasión, el monarca Federico Guillermo II, sobrino de Federico "el Grande" y apasionado de la música, recibió personalmente a Ludwig, y tras felicitarlo, le entregó una caja llena de "luises de oro", que era la moneda más apreciada de aquella época.

La experiencia del viaje, y sobre todo del contacto con públicos nuevos y diferentes en cada lugar, resultó muy importante para Beethoven. Cuando regresó a Viena, su amigo Stephan comentaba: *Se siente algo más maduro, más conocedor de los hombres; el viaje le ha hecho entender cuán raros y preciosos son los buenos amigos.*

Un paréntesis de amistad

Nuevamente en Viena, a finales de 1796, Beethoven retomó de inmediato su actividad artística, y dado que ahora su fama se había extendido todavía más, sus compromisos se triplicaron, e incluso podía contar con toda una corte de mecenas, dispuestos a darlo todo por apoyarlo; a la benévola protección del príncipe Lichnowsky se había sumado la del aficionado barón Nikolaus Zmeskall von Domanovecz, de origen húngaro y buen violoncelista, quien, además, era funcionario de la cancillería de la corte para los asuntos húngaros, y uno de los más brillantes asiduos a las tertulias de la alta sociedad vienesa. El barón poseía un gran sentido del humor, tanto, que incluso el malhumorado Beethoven lo trataba con desenfado y hasta le hacía bromas; aunque en un tono más bien desdeñoso, lo que era común en él, sobre todo en el trato con el resto de sus protectores aristocráticos, como si al tratarlos de esa manera se situara en una posición superior y permisiva, que bien podía haber compensado la sensación de minusvalía, dado su origen y sus penurias de la infancia.

Pero la más importante y duradera amistad de Beethoven en Viena fue el príncipe Franz Joseph Lobkowitz, violinista aficionado y propietario de una buena orquesta privada, que fue precisamente la que interpretó por primera vez la *Sinfonía heroica* y muchas otras de sus composiciones.

Pero al margen de los personajes de alta sociedad, Ludwig se había creado en Viena un restringido grupo de fieles y menos aristocráticos amigos, los que en realidad no eran muy numerosos, ya que ser amigo de Beethoven no era empresa fácil, y todavía más difícil era seguir siéndolo; estas dos notas enviadas en días consecutivos a su amigo Johan Nepomuk Hummel, serían uno de los muchos ejemplos de la inconsistencia en el carácter del músico: *¡Nunca más vengas a verme! No eres más que un perro mentiroso, y a los perros mentirosos se los lleva el diablo...*; y al día siguiente: *Nepomuk de mi corazón, eres un hombre leal y tienes razón, lo reconozco; ven a verme esta misma tarde. Te besa tu Beethoven, también llamado el pastelillo.*

"Pastelillo" era uno de los apodos que el propio Beethoven se adjudicaba en los escasos días en los que brillaba el buen humor en él. Parece que el nombre aludía a su costumbre de improvisar meriendas en su casa para halagar a los amigos. Pero era el propio Ludwig quien reconocía en primer lugar su carácter veleidoso e irascible: *Poseo el don de saber ocultar mi sensibilidad en muchos casos, pero si me irrito en un momento en el que me encuentro propenso a la cólera, entonces estallo con más fuerza que cualquiera.* Su temperamento, ya descrito tiempo atrás como "extraño" por Haydn, recordaba en mucho al personaje de Goethe, *(Werther)*, quien era el modelo romántico por excelencia con el que se identificaban muchos jóvenes de la época (especialmente los intelectuales de origen burgués, imbuidos por el espíritu de cambio) por la Revolución Francesa y una nueva manera de entender la realidad, más con la emoción que con la razón.

Beethoven y Napoleón

En 1797, el ejército de Napoleón se hallaba a 100 kilómetros de Viena; ya había ocupado completamente la Renania y obligado al príncipe Maximilian Franz y a muchos otros nobles y ciudadanos, entre ellos al hermano de Beethoven, a huir de la región.

En Viena la inminencia de la invasión había creado una gran inquietud, y la ciudad asumía el carácter del último centro de resistencia a la ocupación francesa. En todos los círculos culturales se discutía la figura del joven general, que a la fecha tenía solamente 20 años, y era capaz de llevar a sus fuerzas a la victoria por medio de una lógica y estrategia novedosas, que resultaba difícil para los generales tradicionales prevenir; al parecer, Napoleón no jugaba su mismo juego, él era tan militar como político, y eso lo convertía en un líder extremadamente eficaz.

La amenaza estaba presente en el ambiente vienés, pero no se realizaba en la práctica; sin embargo, el temor era cotidiano y creciente, lo que seguramente era una táctica de Napoleón para crear un estado de tensión prolongado, y así poder negociar en el momento adecuado la rendición de los territorios austriacos, o bien, una capitulación ventajosa para Francia. Finalmente, el 18 de abril de 1797, con la firma de la paz de Leoben, el general y sus ejércitos se retiraron con buenas ganancias políticas, como era de suponerse.

Beethoven, lo mismo que muchos de sus contemporáneos, tenía una posición ambivalente con respecto a Napoleón. Por una parte, lo consideraba la encarnación de los ideales de igualdad, fraternidad y libertad que emanaban de la Revolución con los que se había identificado desde su adolescencia y en los que seguía creyendo. Pero por otra parte, advertía que Napoleón era el enemigo de su patria, aquel que por medio de las armas se había posesionado de su ciudad natal y derramado la sangre de su gente; éste sería el sentimiento que habría de prevalecer en el ánimo del joven Beethoven. En noviembre de 1796, dedicó un "Canto de adiós" a los soldados alemanes que iban a combatir al ejército francés, y seis meses más tarde, mientras las tropas napoleónicas atravesaban los Alpes, compuso el *Himno al gran pueblo alemán*.

Al realizarse el tratado de Leoben, Napoleón volcó su atención a otras regiones de Europa, con lo que Viena pudo relajarse y volver a su estilo de vida normal.

El avance del silencio

Los nobles vieneses que por temor a Napoleón habían fijado sus residencias en el campo, comenzaron a regresar a la ciudad y todo tomó su curso normal, incluyendo las presentaciones de Beethoven en los numerosos conciertos que se efectuaban en los palacios aristocráticos, y él volvió a impartir sus lecciones de piano. Todo parecía marchar sobre ruedas, seguía siendo un distinguido huésped del príncipe Lichnowsky y su fama se acrecentaba cada día. Sin embargo: ... *Un demonio envidioso, mi mala salud, me ha creado grandes dificultades; en otras palabras, quiero decir que mi oído se debilita cada vez más.*

El origen de la sordera de Beethoven tiene que buscarse en un padecimiento intestinal que se encuentra relacionado con la hidropesía ("edema"), que fue lo que lo llevó a la muerte: ... *Al parecer, el motivo originario de este achaque se halla en las condiciones de mi abdomen que, tú lo sabes, ya me fallaba antes de que partiese de Bonn, pero en Viena ha empeorado.*

Por tanto, Beethoven se sometió a una serie de tratamientos con los médicos más prestigiados de la ciudad: ...*Franck* —el director del hospital de Viena— *ha intentado devolverle las energías a mi organismo con ampolletas fortalecientes, y a mi oído con aceite de almendras; pero poco alivio me ha traído. La cura no sirvió de nada, mi sordera ha seguido empeorando y mi abdomen se mantiene en el mismo estado que antes {...} Un asno de médico me recomendó baños fríos, y otro médico, más inteligente, baños tibios, normales, de agua del Danubio.* Esta carta fue dirigida al viejo amigo de Bonn, Franz Wegeler, quien así se convirtió en el primero de las amistades de Beethoven en ser informado de los síntomas iniciales de la sordera del maestro. *...Sólo tú sabes ahora cuál es mi situación. Te ruego que no hables de ello a nadie, ni siquiera a Lorchen; éste es un secreto que te confío. Puedo decir que en general, mi vida es infeliz; evito casi toda compañía, porque me resulta imposible decirle a la gente: ¡soy sordo...!*

La trágica desesperación se apoderó de Beethoven, pues aquella enfermedad había afectado precisamente *la más noble parte de mí: el oído.* Pero ese sufrimiento no sólo se manifestaba en su carácter y en su cotidianidad, sino que se proyecta en el sentimiento de su obra musical; por ejemplo, en la *Sonata para piano en sol mayor, op. 14,* de 1798; pero sobre todo en la *Sonata para piano en do menor, op. 13* también llamada *Patética.* Esta sonata fue compuesta en 1799, y el término "patética" no fue aplicado por Beethoven, pero él no se opuso al calificativo, pues bien refleja el sentimiento del que se deriva, sobre todo en su comienzo y durante el primer tiempo, en el que se repite un tema de claro "patetismo". El pianista alemán Wilhelm Kempff, considerado uno de los máximos exponentes de la música de Beethoven, ha escrito a propósito de la *Patética*: *Beethoven integra en una indisoluble unidad la grandiosa introducción, en un tono* Grave *y el* Allegro di molto e con brio *que la precede con su lenguaje musical totalmente original y con sus exclamaciones dolorosas, cuyo eco resuena todavía hasta el silencio angustiante de las pautas, intencionadamente demasiado prolongadas.* Con estos acordes tristes y pesados, y con su misteriosa resonancia sonora, Beethoven consiguió expresar, del modo más intenso posible para un hombre, la angustia que había comenzado a atormentarlo.

Con el término "sonata", se designaba desde el siglo XVI cualquier composición en la que solamente intervienen instrumentos, por lo que se diferenciaba de "cantata". Los instrumentos de arco fueron los verdaderos protagonistas de la sonata barroca, y el progreso de la técnica del violín constituyó un factor muy importante para su evolución. Ya en los tiempos de Beethoven, el término se limita a designar piezas instrumentales compuestas sin ninguna referencia a formas tradicionales, ya fueran vocales o instrumentales; así que la sonata pasó a ser la forma más adecuada para enfrentar el problema de la organización de un pensamiento musical, privado de texto y emancipado de la música vocal.

Hacia 1730, la creciente importancia adquirida por los instrumentos de teclado respecto a los instrumentos de arco, determina el nacimiento de la sonata llamada "clásica", en la que se invierte la relación anterior, pues al clavicémbalo se le asigna la voz cantante o papel principal, mientras que al violín y al violonchelo les corresponde la función de acompañamiento; pero más tarde será el piano el que tenga la resonancia por excelencia que identifica a la sonata, sustituyendo al clavicémbalo.

Hacia mediados del siglo XVIII, la sonata era la más socorrida de las formas musicales, y el periodo de Haydn, Mozart y Beethoven es el que se considera clásico respecto de la sonata. En esos tres grandes autores, y sobre todo en Beethoven, este género adquirió una nueva y particular fisonomía, que luego habría de ser definida como "forma sonata". Esta forma constaba de un diálogo entre dos temas musicales que se disponían en tres movimientos: la exposición, el desarrollo y la repetición o recapitulación; además del "minueto" que solía situarse entre los últimos dos tiempos, y que Beethoven sustituyó por el *scherzo*.

Esta oposición dialéctica entre dos temas congeniaba en grado sumo con la concepción romántica que Beethoven tenía del arte en general, pues es la que expresa con mayor fuerza y claridad las contradicciones del alma.

La sonata *Claro de luna* y la *Primera Sinfonía*

Hacia fines de 1799, Beethoven fue presentado por el barón Nikolaus Zmeskall a la condesa Anna von Brunswick. Habían acordado que el joven músico impartiese lecciones de música a las tres hijas de la condesa: Therese, Josephine y Charlotte, y a ellas se les sumó la prima Giulieta Guicciardi, cuyo padre había sido consejero del gobierno de Trieste y se había casado con una hermana del conde Von Brunswick.

Giulietta había vivido con sus primas durante varios años, tenía entonces 16 años y era extremadamente graciosa y vivaz. El ánimo de Beethoven, siempre propenso a enamorarse de sus alumnas, no pudo permanecer largo tiempo insensible ante los encantos de esa muchacha, y durante algún tiempo, también ella pareció corresponder a los sentimientos de su maestro de música. El 16 de noviembre de 1801, Ludwig le escribía a Franz Wrengler, hablando de Giulietta: *Ahora vivo algo más placenteramente porque comparto más momentos con la gente. Este cambio ha sido producido por una querida muchacha; ella es encantadora y me ama tanto como yo la amo; éstos son los primeros momentos apacibles desde hace dos años, y es la primera vez que siento que el matrimonio podría proporcionarme la felicidad. Desgraciadamente, ella no es de mi misma condición social.* Y, en efecto, Giulietta no dudó mucho en rechazar las intenciones de Beethoven y aceptar rápidamente las propuestas amorosas de un joven de clase aristocrática. La ruptura de su relación con el músico tuvo lugar apenas pocos meses después de que Beethoven le había hecho un obsequio que otro hombre no hubiese podido hacerle, y que ha sido uno de los regalos de amor más bellos en toda la historia de la humanidad; se trata de la *Sonata para piano en do sostenido menor*, llamada "Claro de luna", compuesta en 1801.

He aquí lo que dice Wilhelm Kempff a propósito de esta composición, interpretada por él en múltiples ocasiones: *Nada hay de sorprendente en que esta sonata siempre haya excitado la imaginación de todos los apasionados por la música. En ella se pueden advertir las primeras señales precursoras del impresionismo. Aquí vemos con nuestros oídos y escuchamos con nuestros ojos. Una luz pálida envuelve las notas y desde la profundidad del comienzo se alza una melodía dolorosa. La explosión de las pasiones al final es totalmente inesperada. Los dos instantes de silencio que preceden a la conclusión dan origen a la impresión de una inquietud angustiante.*

Giulieta Guicciardi, hija del consejero del gobierno de Trieste.

El periodo de la vida de Beethoven marcado por su amor hacia Giulietta Guicciardi vio también nacer la composición de un ballet llamado *Las criaturas de Ptolomeo,* que tuvo un gran éxito en el *Burgtheater* de Viena y que se representaría 16 veces ininterrumpidamente. Este ballet fue también la primera obra de Beethoven que se interpretó en Italia, el 22 de marzo de 1813, en el teatro *Alla Scalla* de Milán, en una versión muy refundida; a pesar de ello, el éxito fue muy grande, aunque en la presentación no aparecía el nombre de Beethoven, tal vez por el orgullo nacionalista de los músicos y empresarios italianos.

En el transcurso de 1800, Beethoven organizó un concierto en el que se presentó al vasto público presente, un programa que comprendía sus más recientes composiciones: la *Primera Sinfonía,* y el *Septimino,* que era una composición para siete instrumentos: clarinete, corno, fagot, violín, viola, violonchelo y contrabajo; además, en ese concierto masivo se presentó el *Tercer concierto para piano en do menor, op. 37.*

Desde el intento juvenil denominado *Sinfonía de Jena,* tuvieron que pasar unos cinco años antes de que Beethoven se decidiera a aventurarse nuevamente en un género del que Haydn era el indudable maestro y había dejado 104 obras, mientras que Mozart solamente cuarenta y uno.

Sobre esto escribe Massimo Mila: *Antes de Beethoven, la sinfonía no era un género especialmente comprometido. Hasta entonces, el componer una sinfonía no significaba para el compositor un mayor esfuerzo del que realiza una gallina para poner un huevo. Con Beethoven, la composición de una sinfonía se convierte en un esfuerzo similar al de parir un hijo. Desde entonces en adelante, las sinfonías, en la vida de un músico, no se contarían ya por decenas, sino por unidades. Shuman escribiría solamente cuatro, y lo mismo Brahms; muy pocos llegarían más allá del fatídico número de nueve, y a alguno le resultó fatal la transgresión de ese límite: Mahler enloqueció y murió dejando inconclusos los bocetos de la décima sinfonía; y fue él quien sintetizó en una fórmula ese mito de la sinfonía que se había venido perfilando en el siglo XIX sobre las nueve de Beethoven, y en especial sobre la última, cuando dijo "una sinfonía tiene que ser un mundo".*

En términos de confrontación, la experiencia de Beethoven se convirtió en el modelo ideal de todo compositor romántico, para quien la sinfonía representaba una prueba de la máxima intensidad: un universo de sonidos y un nuevo lenguaje musical en el que el artista se comprometía en los más profundos contenidos de su experiencia creativa.

En la *Sinfonía en do mayor no. 1,* los medios con los que Beethoven se impuso a la atención del público eran ya típicamente suyos, debido a lo imprevisto y a la particular fusión del ritmo, siempre definido. De ahí en adelante, el estilo de Beethoven sería realmente diferente al de Mozart, quien siempre evitó el maravillar al auditorio, o desconcertarlo con un tipo de salida inesperada. La *Primera Sinfonía,* dedicada al barón Von Swieten, fue interpretada por primera vez el 2 de abril de 1800, en una reunión musical en el *Hofburgtheater* de Viena, y fue publicada a más de un año de su interpretación, por Hoffmeister y Cía., una casa editora vienesa que por aquel periodo se encontraba en estrecha relación con Beethoven.

Un viaje hacia sí mismo

En mayo de 1802, desesperado por la ruptura con Giulietta Guicciardi y preocupado por el progreso de los primeros síntomas de la dolencia que habría de llevarlo a la sordera total, Beethoven decidió dejar Viena durante el verano y pasar esos meses en un tranquilo pueblo de los alrededores, llamado *Heiligenstadt,* lo que parece tener algún sentido mágico, pues este nombre significa "pueblo sagrado", lo que bien puede tomarse como una metáfora de la profunda experiencia interior que tuvo Beethoven en este lugar, donde permaneció aislado de todo y volcado hacia sí mismo. Este pueblo es ahora un suburbio de Viena, pero en aquellos tiempos era solamente una aldea en la que Beethoven encontró albergue en una casa situada ante la plazoleta de la iglesia, misma que todavía existe y es la delicia de los turistas. Edouard Herriot describe el lugar en el que vivía: *Es una casa de escaleras de madera, tan sencilla que parece el refugio de la pobreza; detrás se encuentra el delgado mástil del tilo, y sobre la puerta un reloj de Sol. El corredor conduce a las dos habitaciones que el maestro llenaba con sus armonías.*

Así, pues, a sus 32 años, Beethoven experimentó una desesperada necesidad de retirarse al sosiego de la campiña para saborear, en la más completa soledad, la íntima alegría que suele procurarle al alma humana el reencuentro consigo mismo en contacto con la naturaleza y con la vida simple: *De los bosques, de los árboles y de las rocas surge el eco que el hombre desea escuchar,* habría de escribir más tarde Beethoven en una carta. En el libro de Kant *Historia general de la naturaleza y teoría del cielo,* que había llevado desde Viena, subrayó este pasaje: *Debido a su inconmensurable gran-*

deza y a la infinita variedad y belleza que de él se trasluce por todas partes, el universo nos colma de silencioso estupor. Sin embargo, ni la soledad ni la paz de la campiña bastaron para conjurar una crisis que estaba ya a punto de alcanzar su culminación.

Sumido en la aflicción a causa de que la sordera avanzaba de manera inexorable, y desilusionado por el comportamiento de Giulietta, Beethoven pensó incluso en el suicidio como única vía de salvación para evitar todo sufrimiento. En efecto, desde hacía más de un año, su dolencia se encontraba ya en un estado tan avanzado, que había tenido que reducir drásticamente todas las presentaciones públicas y dedicarse preferentemente a su actividad como compositor.

Durante mucho tiempo no había querido hablar con nadie de su mal, a excepción de Franz Wegeler, a pesar de que el tormento que le causaba llegaba a ser extremado: *...mis oídos zumban y silban continuamente, día y noche.* No obstante haber escrito en la carta a Wegeler que deseaba "desafiar al destino", ahora, en *Heiligenstadt,* Beethoven pareció sucumbir por vez primera ante la crueldad de aquella enfermedad que lo venía afectando de manera lenta, pero inexorable. En aquel momento, en medio de un desesperado abatimiento, el 6 de octubre de 1802, Beethoven escribió el que la posteridad habría de llamar "El testamento de Heiligestadt", que ya hemos citado a manera de prólogo en el presente libro.

El "testamento", dirigido sus hermanos Kaspar y Johann, fue hallado junto con otros papeles en un cajón secreto de la habitación de Beethoven en Viena, inmediatamente después de su muerte.

Cuando regresó a Viena, hacia mediados de octubre de 1802, y por consiguiente muy pocos días después de la redacción, tal vez liberadora del "testamento", Beethoven ya llevaba consigo los apuntes del primer movimiento de su *Tercera Sinfonía,* llamada "la Heroica"; además, en el periodo transcurrido en *Heiligenstadt* había terminado la *Segunda Sinfonía en re mayor,* que, con sus acentos a veces tiernos y otras impetuosos, atestiguaba, 20 años antes que la *Oda a la alegría,* las virtudes consoladoras de la música, a las que Beethoven probablemente debía la vida.

Nuevamente en Viena, la prodigiosa vitalidad de Beethoven pareció haber extraído provecho de la grave crisis recién experimentada: *Del mismo modo en que te disipas, aquí, en el torbellino mundano, así también puedes escribir obras a pesar de todos los obstáculos que interpone la sociedad. ¡Deja ya de ocultar tu sordera: que también el arte la conozca!,* escribió el propio Beethoven en su diario en 1803. Este año, y parte del 1804 habrían de estar dedicados a la composición de la "Heroica", una sinfonía de extensión extraordinaria, pues dura más de ¡50 minutos!, y de una concepción todavía más audaz que las dos anteriores. El 24 de agosto de 1804, Beethoven escribía del siguiente modo a los editores Breitkorpf y Härtel, de Leipzig: *He terminado la sinfonía grande que se intitula Bonaparte. Hay, además de los instrumentos de siempre, tres cornos obligados; creo que le interesará al público musical…* Sin embargo, el título de la sinfonía no siguió siendo el que anunciaba Beethoven, y Ferdinand Ries, hijo de un profesor suyo de Bonn, nos explica la causa: *Beethoven había pensado en un Napoleón cónsul; pues lo comparaba con los cónsules romanos. Tanto yo como otros amigos habíamos visto esta sinfonía en su mesa, ya elaborada como partitura, y arriba, en la cubierta, estaba escrito "Bonaparte", y abajo, al pie, "Ludwig van Beethoven", y nada más. Yo fui el primero en llevarle la noticia de que Bonaparte se había hecho proclamar Emperador. Entonces Beethoven exclamó con violencia: "¡Así, pues, también él no es más que un hombre como todos los demás! ¡Un hombre que sólo piensa en sus propias ambiciones! Ahora intentará alzarse por encima de los demás y se convertirá en un tirano!" Entonces se dirigió al escritorio y arrancó la cubierta; la primera página se escribió otra vez y sólo entonces nació el título definitivo de "Sin-*

fonía heroica, compuesta para celebrar el recuerdo de un gran hombre..."

Beethoven era hijo de la Revolución, para él Napoleón siempre había representado la personificación misma de aquella imagen del "héroe" romántico que con su sola fuerza de voluntad podía y debía ser "más fuerte que el destino". La "Heroica" pretendía ser un gran himno a la voluntad humana, un testimonio de fe absoluta en los valores del individuo que decide y construye su propia existencia a través de todas las adversidades. La "Heroica" está considerada como la definitiva conquista, en el lenguaje sinfónico de Beethoven, de ese grado de madurez estilística que el músico había alcanzado ya desde tiempo atrás en el campo de la sonata pianística. Por ello, la *Tercera Sinfonía* es, para muchos, una de las "piedras angulares" de la cultura musical moderna, y hoy parece casi increíble que una obra para la cual las más amplias salas de conciertos del mundo siempre parecerán demasiado pequeñas haya sido interpretada por primera vez en forma privada en el salón del palacio del príncipe Lobkowitz, a quien estaba dedicada, ante un restringido público de aristócratas. La primera interpretación pública fue el 7 de abril de 1805 en el teatro *An der Wien,* de Viena.

Beethoven sabía perfectamente que había escrito una obra grande, excepcional, jamás oída antes. Sin embargo, esta sinfonía, que hubiera tenido que ser antes que nada un homenaje a la Revolución Francesa y a su héroe, paradójicamente fue dedicada al "nobilísimo" (y antirrevolucionario) príncipe Lobkowitz.

La sonata a *Kreutzer*, *Fidelio* y la *Cuarta Sinfonía*

En el correr de 1803, mientras estaba dedicado a la composición de la *Heroica,* Beethoven se vinculó con el violinista polaco de origen inglés: George Bridgetower. Para este excelente violinista con quien pronto estableció amistad, Beethoven compuso la que luego habría de convertirse en su *Novena sonata para violín y piano.* Sin embargo, una rivalidad amorosa condujo rápidamente a ambos artistas a un enfrentamiento, y Beethoven decidió, llegado el momento, dedicar la sonata a otro violinista igualmente capaz, pero de diferentes inclinaciones sentimentales. Se trataba del francés Rudolphe Kreutzer que, llegando a Viena como acompañante del general Bernardotte, habría de convertirse después del Tratado de Campoformio, en embajador de Francia en Austria. *Este Kreutzer es un estimable y buen hombre que cuando estuvo en Viena mucho me agradó; su modestia y naturaleza me resultan más admirables que cualquier "exterieur" o "interieur" de casi todos los virtuosos. Como quiera que la sonata ha sido escrita para un músico excelente, así pues, la dedicatoria es tanto más apta para él,* escribió Beethoven explicando la decisión tomada. A la celebridad de esta sonata, quizá la más famosa de las sonatas para violín y piano de Beethoven, habría de contribuir en 1899 el escritor ruso Tolstoi, al extraer de él, el título de una breve, pero célebre novela, cuyo protagonista, en un momento dado, se expresaba del siguiente modo: *Tocaban la Sonata a Kreutzer de Beethoven... ¿Acaso conocen el primer "presto"?, ¿lo conocen? ¡Oh! ¡Oh!, es algo terrible esa sonata. Y precisamente esa parte... ¿Acaso puede interpretarse en un salón, en medio de señoras escotadas? ¿To-*

carla y después aplaudir, y después tomar un helado, y después comentar la última habladuría?... Cosas así sólo se pueden interpretar en determinadas circunstancias especiales, considerables, o cuando se tiene que cumplir con determinados hechos importantes acordes con esta música. Al menos sobre mí, esta fuerza ejerció una acción tremenda; fue como si se me descubriesen sentimientos que me parecían nuevos, posibilidades nuevas que hasta entonces no conocía.

Todo el 1804 y parte del 1805 fueron dedicados por Beethoven a la composición de su primera ópera: *Fidelio. De todas mis criaturas, ésta es la que me ha generado los peores dolores,* confesó el músico un día, y en realidad la historia de *Fidelio* supuso un largo calvario de renuncias y quebrantos hasta la triunfal reposición en 1822.

A pesar de haber sido discípulo de un operista notable, como Salieri, Beethoven, a diferencia de Mozart, siguió estando largo tiempo alejado de la ópera. Hasta más allá de los 30 años de edad, desarrolló únicamente su arte de pianista y compositor instrumental. En 1804, el director del teatro *An der Wien,* el barón Von Braun, encargó a Beethoven la composición de una ópera, y éste decidió basarse en el libreto de un francés: Jean Nicolas Bouilly: *Leonore ou l'amour conjugal,* tema que mucho se adecuaba a su estado de ánimo. La historia era la del amor y la entrega sin límites de la joven Leonora hacia su esposo Florestano, para salvarlo de la prisión y la muerte, no dudaba en recurrir al engaño, disfrazándose de hombre, precisamente de Fidelio. El argumento original se basaba en un hecho que realmente habría ocurrido en Francia durante el periodo llamado del "terror", cuando Bouilly era fiscal del Tribunal Revolucionario de Tours. Sin embargo, los acontecimientos, por razones de buen sentido político, se trasladaron a la España del siglo XVII. El drama de Bouilly ya se había representado varias veces en París, y su éxito siempre había sido estruendoso, pues pertenecía al género de comedia lacrimógena tan en boga hasta finales del siglo XVIII. Con el fin de distinguir la nueva ópera de Beethoven de todas las otras representaciones, el director Von Braun le impuso el título de *Fidelio,* en vez del de *Leonore.* La ópera se estrenó el 20 de noviembre de 1805, en medio de circunstancias políticas particularmente graves. Una nueva guerra había estallado hacía poco entre las potencias de la Triple Alianza, a cuyo frente se encontraba Austria y Napoleón. El ejército austriaco formado por 26 mil hombres, fue derrotado por la *Grande Armée* el 17 de octubre en Ulm, y el 20 del mismo mes se vio obligado a sufrir la humillación de desfilar desarmado ante Napoleón. El 14 de noviembre, Bonaparte entró victorioso en Viena y se instaló como conquistador en el palacio de *Schönbrunn,* del que había huido precipitadamente la familia imperial. Ocho días después, el 20 de noviembre, se presentaba en el teatro *An der Wien* la ópera *Fidelio,* de Beethoven, ante un público compuesto en su mayor parte por oficiales del ejército napoleónico, público sin duda culto, pero poco preparado para apreciar semejante música, y sobre todo predispuesto a la ópera alemana; los militares declararon haberse aburrido mortalmente, decretando el fracaso de la obra; así que *Fidelio* se representó únicamente durante tres veladas consecutivas, y luego desapareció de la cartelera, lo que en aquella época equivalía a un rotundo fracaso.

Asimismo, la crítica se hizo eco del escaso entusiasmo del público con violentos ataques, en los que se presentaban señalamientos como su "excesiva duración, impersonalidad de la orquesta y demasiadas reiteraciones". En el transcurso de una reunión sostenida en casa del príncipe Lichnowsky, después de la primera y desastrosa velada, los propios amigos y admiradores de Beethoven estuvieron de acuerdo en convencer al maestro para que hiciera algunas modificaciones en la partitura, las cuales consisten fundamentalmente, en drásticos cortes.

Así que la obra se volvió a fundir, y de los tres actos originalmente conformados, se redujo a dos, presentándose unos meses después con el antiguo nombre de *Leonore.* Napoleón ya había retornado a Francia con su ejército y, por consiguiente, ahora el público era diferente; pero desgraciadamente el resultado de la presentación fue el mismo.

En la última presentación, Beethoven, furioso, retiró su partitura del atril y salió del teatro gritando al director Von Braun: *¡Yo no escribo para las masas, escribo para las personas cultas!* Evidentemente él no estaba preparado para el fracaso y no lo podía aceptar.

Tuvo que pasar un cierto tiempo para que Beethoven pudiera admitir ante sí mismo y ante los demás, que en realidad se había aventurado en un género en el que no se encontraba cómodo; a pesar de todo ello, *Fidelio* sigue siendo el primer intento de mediación entre la sinfonía y la ópera que luego, en el transcurso del siglo XIX, alcanzaría su más importante desarrollo, así como sus resultados más notables.

Con el fin de recuperarse de la desilusión y de la depresión causada por el fracaso de la ópera *Fidelio,* en la que había trabajado durante más de un año, en mayo de 1806, inmediatamente después del "fiasco" de la segunda representación de *Fidelio,* Beethoven aceptó una invitación para viajar a Hungría, como huésped de los Von Brunswick en Martonvasar, en donde habría de concebir su *Cuarta Sinfonía.* Al respecto escribió Therese von Brunswick en su diario: *Nos encontramos en el parque y Beethoven me dijo: "Estoy escribiendo una obra, la siento en mí por donde fuere que vaya, por dondequiera que esté. Nunca me había encontrado a tal altura. Todo es luz, pureza, claridad. Hasta ahora parecía aquel muchacho de la fábula que recoge piedrecillas y no ve la espléndida flor abierta en su camino..."*

A pocos kilómetros de Budapest, en la verde y ondulada llanura bañada por el Danubio, Martonvasar era una aldea de escasas construcciones, en la que la única que destacaba era el castillo de los condes Von Brunswick, rodeado por un gran parque de abedules, por lo que era un sedante refugio para el atribulado compositor, este paisaje parece relatarse en algunos pasajes de la *Cuarta Sinfonía en si bemol mayor,* concebida en el sosiego de ese ambiente y crecida en la atmósfera de cálida hospitalidad que Beethoven tanto apreciaba.

El que esta obra no goce de la misma celebridad que las dos sinfonías que le siguen inmediatamente, se debe a su lenguaje particular, intencionalmente más humilde e íntimo. En la *Cuarta Sinfonía* todo parece referido a una medida más humana: la blandura de las frases, la fidelidad a una construcción tradicional y la renuncia a las furiosas y arrebatadoras insurgencias de estilo, típicas de las composiciones sinfónicas anteriores.

Este modo de encarar la música —inusitado para Beethoven—, se manifiesta asimismo en otras composiciones suyas correspondientes al mismo periodo y, sobre todo, en el esplendoroso *Concierto para violín y orquesta en re mayor,* que también fue producido en 1806; además, ésta fue la única obra del género escrita por Beethoven, y que en 1807 sería transcrita para piano.

El *Concierto para violín y orquesta* fue interpretado por primera vez el 23 de diciembre de 1806 por Franz Clement, gran violinista vienés convertido hacía poco en director de orquesta en el teatro *An der Wien,* en el que se efectuó el estreno de la obra con magnífica acogida por el público presente, quien pareció conmoverse de modo especial cuando el violín es flanqueado por las voces de los cornos, el clarinete y el fagot, en una secuencia de diálogos llenos de un encanto poético.

Las veleidades del mecenazgo

El año de 1806 fue también testigo de la ruptura de las buenas relaciones entre Beethoven y el príncipe Lichnowsky, quien siempre lo había hospedado y le había brindado su ayuda y amistad. En septiembre de aquel año, el príncipe había invitado al músico a su residencia de Grätz, Silesia, con el fin de que pasara ahí el último periodo de la estación estival. Beethoven, a pesar de haber vuelto hacía poco de Martonvasar, aceptó de buena gana la invitación del príncipe, y hubiese permanecido más tiempo en Grätz, si una noche el dueño de la casa no le hubiera pedido, quizá, en un tono un poco áspero, que "hiciera algo de música", para halago de los oficiales franceses que eran invitados en el castillo. Con su natural susceptibilidad, el maestro montó en cólera y se dice que poco faltó para que rompiese una silla en la cabeza del príncipe, pues de momento se había sentido situado en el intolerable papel del humilde cortesano, empleado, mantenido y obligado a complacer a su empleador.

Así que Beethoven volvió precipitadamente a su muy modesta casa de Viena, y todavía afectado por la ira, rompió en mil pedazos el busto de mármol del príncipe que siempre había tenido en su despacho; pero junto con el busto y la amistad del príncipe, había perdido también los 600 florines anuales que Lichnowsky le había seguido entregando en todos aquellos años y que habían garantizado su tranquilidad económica.

Así que a partir de aquella ruptura, Beethoven comenzó a contemplar la posibilidad y conveniencia de una ocupación fija y retribuida con regularidad, y con ese motivo escribió a la dirección de los teatros vieneses proponiendo una especie de contrato en el que se comprometería a escribir en exclusividad una ópera, una opereta y un "divertimento", o bien, música coral, a cambio de una paga anual de 2,400 florines.

Beethoven no perdió tiempo en espera de una respuesta, y se puso a buscar libros que se hallasen a la altura de sus aspiraciones. Pero la respuesta nunca llegó y él atribuyó ese nuevo fracaso a una especie de conjura del ambiente musical vienés en su contra, lo que no era del todo equivocado, pues el difícil carácter del músico había venido minando poco a poco y por mucho tiempo sus relaciones en general, por lo que ahora de alguna manera estaba recogiendo esa cosecha.

Finalmente, en el verano de 1807, pareció repetirse en la vida de Beethoven aquel mismo ritual que lo había conducido a la ruptura de relaciones con el príncipe Lichnowsky; pero esta vez se trataba del príncipe Nicolaus Eszterhazy de Galantha, hermano del difunto protector de Haydn, y perteneciente a una de las más antiguas y nobles familias de Europa. El príncipe invitó a Beethoven a que compusiese una misa para interpretarse en la capilla de su finca veraniega en Eisenstadt, para celebrar el cumpleaños de su esposa, en una magna fiesta a celebrarse el 13 de septiembre de 1807. Para Beethoven, quien no había incursionado en la música sacra, esto significaba adentrarse en un tipo de trabajo hasta entonces ajeno a su inspiración, pero quiso aventurarse de todos modos y aceptó el encargo del príncipe. Ya en Eisenstadt, unos día antes de la fecha prevista, Beethoven hizo escuchar en una audición privada para el príncipe y algunos de sus amigos, la *Misa en do*. Uno de los amigos de Beethoven, Anton Shindler, presente en aquel evento, narra lo siguiente: *En la corte del príncipe, la costumbre después del concierto, consistía reunirse en su estancia con el fin de intercambiar impresiones sobre la interpretación. Cuando Beethoven entró en la sala, el príncipe preguntó: "Pero, querido*

Beethoven, ¿qué ha hecho usted?" El efecto de esta singular pregunta se acrecentó todavía más cuando el compositor vio reír al maestro de capilla Hummel, que se encontraba al lado del príncipe. Él creyó que todo aquello era una crítica en su contra, y nada lo retuvo ante su decisión de dejar el lugar en el que se le había tratado de tal manera; así que se fue de Eisenstadt ese mismo día.

Éstos son solamente dos ejemplos de la irascibilidad y el orgullo propios del carácter de Beethoven, confirmados por las frases que el músico pronunciaba en los momentos en los que lo dominaba la ira y que llegaron a ser célebres, como la dirigida al príncipe Lichnowsky: *¡Príncipes hay muchos, pero Beethoven, uno solo!*; o bien, la lanzada al propio príncipe en ocasión de una de sus muchas disputas: *¡Príncipe, lo que tú eres lo debes al nacimiento, pero lo que yo soy lo debo exclusivamente a mí mismo!*

Sin embargo, cuando todos los aristócratas amigos estaban a punto de abandonar a Beethoven, el azar puso en su camino al archiduque Rodolfo de Habsburgo, de 20 de edad y hermano menor del emperador Francisco I. Este joven había sido destinado a la carrera eclesiástica, tal vez por sus características personales, pues era taciturno y enfermizo, de un carácter melancólico y muy sensible, sobre todo para la música. A partir de ese encuentro el joven Rodolfo habría de jugar un papel preponderante en la vida de Beethoven, procurando siempre protegerlo y ayudarlo en cualquier circunstancia. El archiduque tomó lecciones de piano y composición con Beethoven, revelando un talento innato, y provocando en el maestro, que era 17 años mayor que él, un sentimiento de afecto que era entre amigable y paternal. Beethoven dedicó muchas de sus *obras* al archiduque, algunas de ellas tan importantes como el *Cuarto* y el *Quinto concierto para piano y orquesta*, la *Sonata de los adioses*, el *Trío archiduque*, la *Gran fuga para cuarteto y arcos*, y la célebre *Misa solemnis.*

Hacia finales de 1808, Beethoven estuvo a punto de entrar al servicio de un rey. En una carta del 1 de noviembre, dirigida a su amigo el conde Ignaz Oppersdorf, le informa con cierta satisfacción: *Se me ha ofrecido el puesto de maestro de capilla del rey de Westfalia, y puede ser que acepte el ofrecimiento.*

El nuevo reino alemán de Westaflia, con capital en Kassel, fue creado por Napoleón a raíz del desmembramiento de la derrotada Prusia, y su gobierno había sido confiado de inmediato a Jerónimo Bonaparte, hermano menor del emperador; pero este nuevo soberano era más inclinado a la alegría de la vida cortesana que a una responsable administración de los asuntos del Estado.

Así pues, una buena ocasión se le presentaba al músico para desentenderse definitivamente de Viena y sus problemas. La oferta le fue hecha a Beethoven por intermedio del chambelán real, conde Truchsees Walburg, con el señalamiento de que Beethoven podría bosquejar por sí mismo los términos de su contrato y establecer el monto de su remuneración. Así que Beethoven se concedió la fuerte suma de 600 ducados de oro anuales, y antes de partir decidió dar un gran concierto a manera de despedida, mismo que se efectuó el 22 de diciembre de 1808, en el teatro *An der Wien.* Sin embargo, el público no apreció ni el gesto ni la música, y cada vez más desilusionado, Beethoven le escribió de este modo al editor Breitkopf el 7 de enero de 1809: *Finalmente, por culpa de mezquindades de todo tipo, me veo obligado a abandonar mi patria alemana, que sin embargo siempre será única. En efecto, he aceptado el ofrecimiento de Su Majestad el rey de Westfalia para establecerme allá como maestro de capilla; acabo de enviar en el correo de hoy, una carta en la que confirmo que no espero otra cosa sino el decreto de mi nombramiento para hacer los preparativos del viaje.*

Sin embargo, a pesar de los últimos fracasos, Beethoven se había convertido en una personalidad demasiado importante e insustituible como para que los vieneses lo dejasen partir de ese modo. Justamente mientras él realizaba los últimos preparativos de su viaje —pasando por Leipzig, donde daría un concierto—, algunos de sus amigos decidieron hacer algo para impedirle que dejase la ciudad. Ellos entendían que el músico tenía fundamentalmente la necesidad de contar con un ingreso que le permitiera el dedicarse libre y únicamente a su arte, para encontrarse exento de preocupaciones financieras, y por ello recurrieron al mundo de la aristocracia vienesa con el fin de que proveyese lo necesario para su sostenimiento y pudiera quedarse en Austria.

Respondieron los más poderosos señores del imperio. El archiduque Rodolfo, el príncipe Lobkowitz y el príncipe Kinsky suscribieron un contrato por el que, en reconocimiento de la admirable tarea desarrollada por Beethoven, se comprometían a entregarle a éste una suma de 4,000 florines anuales, a condición de que él fijase su residencia en Viena, o en cualquier otra ciudad del imperio.

El documento, fechado el 1 de marzo de 1809, dice a la letra: *Dado que está demostrado que el hombre no puede volcarse totalmente a su arte si no ha logrado hallarse libre de toda preocupación material, y puesto que únicamente en tales condiciones puede crear esas obras grandes y elevadas que constituyen la gloria del arte, los abajo firmantes han decidido asegurar al señor Louis* (sic) *van Beethoven ante la necesidad, quitando de en medio los obstáculos miserables que podrían oponerse al vuelo de su genio.* Beethoven aceptó de buen grado la propuesta, incluso porque le gustó la forma en la que estaba redactada, pues en el texto se evitaba cualquier palabra o frase que hubiese podido motivar su enojo, por suponer que de alguna manera aquel compromiso pudiera representar un cierto vasallaje hacia sus benefactores.

Pero finalmente se había encontrado la fórmula justa, y en consecuencia, Beethoven era libre de dedicarse únicamente a su música y permanecer en Viena de manera tranquila y cómoda.

Dos monumentos musicales

En el transcurso del concierto de despedida organizado por Beethoven en ocasión de su inminente partida hacia el reino de Westfalia, el público presente pudo escuchar las dos nuevas sinfonías compuestas por el maestro: la *Quinta* y la *Sexta.* En el programa, de una duración de cuatro horas, se incluían asimismo la *Fantasía para piano y coro op. 80* y el *Concierto para piano en sol mayor.*

Los intérpretes no eran los más adecuados y, en cualquier caso, no se encontraban a la altura de las composiciones; la sala reaccionó glacialmente y dictaminó un nuevo "fiasco" para Beethoven. El crítico musical Johann Friedrich Reichardt se limitó a señalar que la *Quinta como ...una gran sinfonía, muy desarrollada y demasiado larga.* Por su parte, un crítico del *Allgemeine Musikalishe Zeitung,* destacó únicamente la *muy mediocre interpretación.*

Triste y áspera fue la acogida que el público y la crítica otorgaron a la que habría de convertirse en la más famosa de las sinfonías de Beethoven y una de las más conocidas de la llamada música "clásica" de todos los tiempos; un colosal edificio construido sobre la interminable variación de cuatro notas.

A la *Quinta Sinfonía* se le llamó más tarde la "Sinfonía del destino", por la célebre respuesta del propio Beethoven a Shindler cuando éste le interrogó por el significado de un comienzo tan grave... *Así es como el destino llama a nuestra puerta,* contestó Beethoven.

Fue necesario esperar hasta 1812 para que la *Quinta* obtuviese su merecido reconocimiento en Viena, a pesar de que en Leipzig, en 1809, fue coronada por el mayor éxito, recibiendo elogios de la crítica local, sobre todo por su final: *...impetuoso desbordamiento de una poderosa imaginación del que costaría mucho esfuerzo encontrar su equivalente en cualquier otra sinfonía. La vehemencia de los sentimientos que no cesan de combatirse recíprocamente, la continua sorpresa de la extrañeza de las ideas y su disposición totalmente insólita, exigen y apresan sin tregua al auditorio.* A su vez, E. T. Hoffmann escribió así a propósito del angustioso y dramático desarrollo del primer tiempo, en el que muchos quisieron ver el símbolo de la lucha heroica del hombre contra el destino: *Esta insuperable composición arrebata irresistiblemente al oyente, por medio de una siempre creciente tensión del clima, hacia el reino espiritual del infinito.*

Finalmente, el frenético entusiasmo que la obra provocó en el público que la escuchó en París en 1828, un año después de la muerte de Beethoven, fue descrito del siguiente modo por Héctor Berlioz, presente en su interpretación: *En las butacas de las primeras filas muchos rostros jóvenes y graciosos se ocultaban para sofocar llantos convulsivos; algunos jóvenes reían fuerte, otros se tiraban de los pelos y hacían mil contorsiones extravagantes. La señora Malibran fue presa de un ataque de nervios tan fuerte, como para tener que ser sacada de la sala; al mismo tiempo, otra señora, anegada en llanto, tenía que abandonar el local.*

La *Quinta sinfonía en do menor* ha sido desde siempre considerada el modelo clásico inigualable, el símbolo musical de la grandeza humana y la obra de arte ideal que se distingue por la unidad y la perfección de la forma. Con el fin de producir mejor la atmósfera del final, que debía tener un tono triunfal, Beethoven, por vez primera en una sinfonía, enriqueció la orquesta añadiendo a los instrumentos habituales, dos contrabajos, tres trombones y un "octavín", que era un tipo de flauta muy pequeña que se usaba para producir tonos agudos.

El trabajo de creación de la *Quinta* se desarrolló contemporáneamente a la de una nueva sinfonía: la *Pastoral o Sexta sinfonía en fa mayor,* que en las intenciones de Beethoven quería suponer un deliberado homenaje a la naturaleza y, mediante ésta, a Dios, como artífice de ella. Si en la *Quinta* se superan las fuerzas adversas del destino, ahora Beethoven quería expresar esa perfección y esa paz que sólo es dado encontrar sumido en la meditación y en el ambiente de la naturaleza. En la soledad más inexorable a la que lo relegaba la creciente sordera, únicamente sumergiéndose en la contemplación del milagro de la creación, podía procurar y conseguir un poco de consuelo.

La *Sinfonía Pastoral,* parte del simple sentimiento de alivio y consuelo que todo ciudadano experimenta en el abandono a los placeres del campo, y logra mediante esta emoción, aprehender el misterio de lo divino ingénito en la naturaleza; tal como para Kant, de cuyas obras era asiduo y ferviente lector, también para Beethoven la contemplación trascendía a las elevaciones espirituales y, por consiguiente, religiosas; dice Shindler: *Reconocía claramente a Dios en el universo, y al universo en Dios.*

Beethoven solía insistir mucho en la definición del carácter de la *Pastoral,* y en la libreta de apuntes de los esbozos de la obra estaba escrito: *Sinfonía característica, o recuerdo de la vida campestre. {...} Quien ha experimentado algunas impresiones de la vida campestre, puede pensar por sí solo, sin que se presenten muchos pretextos ante lo que quiero expresar. Sinfonía Pastoral, no descripción pictórica, sino expresión de algunos sentimientos de la vida campestre.* Y como encabezamiento de la partitura escribió: *Más expresión de sensaciones que pintura.*

Así pues, Beethoven no quería ser malentendido; si en la obra había alguna parte demasiado descriptiva, como el canto del ruiseñor o de la codorniz, la misma tenía que suponer un momento aislado en el conjunto de la composición. Con esta indicación pretendía, sobre todo, mantener su distancia en relación con la composición romántica pintoresca y descriptiva, por entonces muy de moda. En cambio, para Beethoven, la observación de la naturaleza no debía ser nada más que un principio filosófico, sino una profunda emoción a transformar en términos de sonidos de arquitectura musical.

Además, en la *Sinfonía Pastoral* se puede reconocer el primer asombro del "redescubrimiento del campo", pues para Beethoven, lo mismo que para muchos contemporáneos suyos que vivían en lo que para ellos era un populosa ciudad, ya en los albores de la Revolución Industrial, el campo no constituía ya una sede obligada de la que se procuraba huir, como para Mozart, y sobre todo para Haydn, sino que era más bien la expresión de una necesidad física y espiritual, el símbolo de la evasión de una vida, que ya por entonces comenzaba a ser frenética.

Viena bajo el fuego

En abril de 1809, la ciudad de Viena fue una vez más abrumada por el estremecimiento de la guerra, pues contra Francia se había formado una enésima alianza (la "Quinta", para ser exactos), que habría de experimentar una ulterior derrota ante los ejércitos napoleónicos. La guerra duró hasta octubre del mismo año y acabó con la firma de la "paz de Schönbrunn", que significó la definitiva desmembración de Austria. Durante el conflicto, la artillería francesa sometió muchas veces a Viena a duros bombardeos, y Beethoven relató más tarde hasta qué punto el estruendo de los cañonazos le destrozaba los oídos, tanto, como para obligarlo a refugiarse en el sótano y cubrirse la cabeza con un cojín para reducir la vibración que tanto lo lastimaba.

La población vienesa intentó resistir heroicamente durante más de un mes, pero finalmente tuvo que someterse, y a la llamarada de exaltación patriótica siguió un profundo abatimiento: por segunda vez, la ciudad era ocupada militarmente por las tropas francesas. Además, pronto se difundió la noticia de las próximas bodas entre Napoleón y María Luisa de Habsburgo, hija del emperador Francisco y sobrina de María Antonieta, última reina de Francia. De este modo, la más antigua casa reinante de Europa no desdeñaba emparentarse estrechamente, por supuesto debido a razones políticas, con quien desde varios años atrás había sido su mayor enemigo.

También Beethoven se dejó atrapar durante breve tiempo por el ardor patriótico, y al margen de la partitura del *Quinto concierto para piano en mi bemol mayor,* compuesto en este periodo; hizo algunas breves, pero significativas anotaciones, como "canto triunfal para la lucha", "ataque", "victoria"... El propio subtítulo de "Emperador" dado a este concierto, subraya todavía más su heroico acento, mismo que se siente también en la obertura que compuso para el drama *Egmont,* de Goethe.

El 12 de abril de 1811, cerca de un año después de haber terminado la obertura, Beethoven le envió una carta a Goethe en la que le comunicaba, con desusada humildad: *Dentro de poco recibirá usted la música de "Egmont", que refleja lo que he sentido, pensado y puesto en música, con el mismo corazón con el que he leído el drama. Mucho deseo conocer su juicio, y también su desaprobación, en caso de haberla. Para mí y para mi arte, me será muy útil y la acogeré de buen grado como el mayor de los elogios.*

Estas palabras, escritas por el "orgulloso" Beethoven, dejan entrever el profundo respeto y admiración que sentía por el poeta.

Bettina Brentano ansiaba conocer al famoso Beethoven.

El encuentro entre los dos grandes del genio alemán se produjo en julio de 1812, en Teplitz, un elegante centro de veraneo de Bohemia. Intermediaría entre los dos grandes hombres una joven llamada Bettina Brentano, quien había vivido en el ambiente alemán desde su nacimiento, pues su madre había sido una de las numerosos novias de Goethe; su hermano Clemens era un célebre novelista, y ella misma era escritora y demostraba, en opinión de muchos de sus contemporáneos, un verdadero talento musical. Ella estaba deseosa de conocer personalmente al famoso Beethoven; así que, sin demasiadas ceremonias, se presentó un día en casa del compositor, quien de inmediato sintió una gran simpatía por esa muchacha tan desenfadada, así que pronto se convirtieron en buenos amigos.

Bettina sabía hasta qué punto Beethoven quería conocer a Goethe, y dado que también mantenía una buena amistad con este último, se propuso ayudar al músico para que se diera el encuentro que ella misma habría de considerar después como un obra maestra de mediación espiritual. Hubo un rápido intercambio de cartas llenas de cumplidos, de Beethoven a Goethe, y finalmente de Goethe a Beethoven, en la última de las cuales se determinaron el momento y el lugar de la cita.

Nadie sabe a ciencia cierta, qué se dijeron Goethe y Beethoven durante su encuentro en Teplitz. En cambio, es sabido que ninguno de los dos guardó una entusiasta impresión del otro, probablemente a causa de su abismal diferencia de carácter. Goethe demostró, una vez más, ese distanciamiento aparente de las pasiones que convencionalmente lo caracteriza en la historia de la cultura, y quedaría estupefacto ante el exuberante temperamento del músico, quien solía ser desdeñoso ante quien no le agradaba: *Su talento es digno de admiración; pero es, más bien, una personalidad totalmente desenfrenada. Por cierto que no se equivoca al considerar detestable el mundo, pero de ese modo no se hace agradable ni para sí ni para los otros. Por otro lado, pide excusas y se lamenta en exceso, ya que el oído lo abandona, lo que tal vez, le acarrea menos daño a la parte musical de su inclinación que a la social…*, escribió Goethe sobre Beethoven, mientras que éste se expresó de esta manera sobre su ilustre contemporáneo: *A Goethe le gusta demasiado el ambiente de la corte; le gusta más de lo que a un poeta le puede convenir.* De cualquier modo, ambos, después de haberse conocido, ya nunca volvieron a expresar el deseo de reencontrarse.

Dos nuevas sinfonías

Cuando viajó a Teplitz, en 1812, hacía tiempo que Beethoven había terminado de componer la *Séptima Sinfonía* y se disponía a completar la *Octava*, que concluiría tres meses después, en Linz. La *Séptima Sinfonía* fue interpretada por primera vez el 8 de diciembre de 1813 en la Universidad de Viena, como parte de un gran concierto público organizado a beneficio de los soldados austriacos y bávaros heridos en la batalla de Hanau.

El patriotismo alemán le otorgó a la presentación un gran éxito, también debido a que se había incluido en el programa una de las más extrañas composiciones de Beethoven: *La victoria de Wellington o La batalla de Vitoria*, escrita expresamente para el empleo del nuevo instrumento mecánico llamado "panharmonikon", que había sido ideado por el inventor y amigo de Beethoven, Nepomuk Mälzel, quien ya había fabricado para él algunas trompetillas acústicas que lo ayudaban en su sordera.

El "panharmonikon" era un pequeño instrumento capaz de reproducir el sonido de los instrumentos de arco, de viento y de percusión. La obra de Beethoven fue escrita en conmemoración de la batalla del 21 de junio de 1813, en la que el duque de Wellington derrotó al ejército napoleónico en Vitoria, España. Esta nueva composición resultó ser una música descriptiva en la que se alternan motivos de marchas inglesas, descargas de fusilería y hasta estruendo de cañones, lo que fue arrebatador para el público presente en la sala, compuesto en su mayoría por soldados, oficiales y estudiantes, animados todos por un fervor antinapoleónico.

La *Séptima sinfonía en la mayor* representa un refinamiento en la producción artística de Beethoven, refinamiento que se revela sobre todo mediante la atenuación de aquellos violentos contrastes que caracterizan la mayor parte de sus composiciones. Por el contrario, esta obra parece querer comunicar el resultado de una nueva concepción creadora: la superación de la fase crucial del individualismo heroico que hasta entonces había caracterizado a su música. Naturalmente, esto correspondía a una transformación interior del músico, como si la sordera, ya casi total, le hubiese llevado a meditar sobre la imposibilidad de seguir luchando "contra el destino" y la posibilidad de procurar entender ese destino que para él parecía tan adverso, ya que en ello radicaba el único modo de llegar a dominarlo. Por consiguiente, el allanamiento de los contrastes en la *Séptima Sinfonía* está considerado como un repliegue de Beethoven sobre sí mismo, en busca de una profundización de su energía creadora, que parecía extraer su materia de aquella irremediable soledad y silencio a lo que lo condenaba su sordera. Según Wagner, la *Séptima* es la "apoteosis de la danza", debido a su carácter no bien definido, así como a la exaltación del movimiento que expresa su ritmo.

En Linz, donde se encontraba en 1812 para reunirse con su hermano Johann, Beethoven acabó de componer la *Octava sinfonía en fa mayor.* En opinión de Héctor Berlioz, es ésta *...una de las páginas a las que no se puede encontrar modelo ni parangón, sino que caen directamente del cielo hacia el pensamiento del artista. {...} Dulce, ingenua, y de una indolencia graciosa, como la canción de dos niños que recogen flores en el prado en una hermosa mañana de primavera.* La gracia y simplicidad de la *Octava* desorientaron, y sin duda desilusionaron al público del siglo XIX, quienes la consideraron un paso atrás hacia la música del siglo anterior, o como una señal de estancamiento de su creador. Beethoven llamó a la *Octava,* la "Pequeña sinfonía", y estaba convencido de que aquella obra sería la más interpretada entre sus sinfonías, debido a que era más corta, y también porque su formato era simple y tradicional. Pero se equivocaba radicalmente, pues el público siempre habría de preferir justamente sus composiciones sinfónicas más largas y comprometidas.

En ocasión de la primera interpretación de la *Octava Sinfonía,* el 27 de febrero de 1814, en la *Redoutensaal* de Viena, Beethoven empleó —y sería el primer músico en hacerlo— el "metrónomo", un instrumento llevado a la perfección por Mälzel, y constituido por un instrumental de relojería que era capaz de marcar, de modo visible y audible, los tiempos de las composiciones.

Música y política

Hacia finales de 1812, tras haberse encontrado con su hermano en Linz, y después de haber discutido violentamente con él para obligarlo a casarse con la mujer con la que convivía desde tiempo atrás, Beethoven volvió a Viena. Pero en la capital algunos acontecimientos incidieron duramente sobre su situación financiera. La renta anual de 4,000 florines, asegurada por el archiduque Rodolfo y sus nobles amigos no le era entregada con regularidad, y de hecho comenzó a menguar.

Ante todo, la última guerra contra Napoleón había causado una fuerte devaluación de la moneda austriaca, provocaron en el país una crisis económica sin precedentes. Además, en lo que respecta más directamente al músico, en 1812 se produjo la muerte imprevista, como consecuencia de una caída del caballo, del príncipe Kinsky, uno de los firmantes del contrato con Beethoven y que entregaba la cifra más importante: 1,800 florines, contra los 1,500 del archiduque y los 700 del príncipe Lobkowitz. Luego, en 1813, este último perdió el control de su fortuna, pues todo su patrimonio le fue confiado, por orden del emperador, a un administrador capaz de poner freno al desconsiderado estilo de vida que el generoso mecenas solía llevar. En esos momentos, hasta el propio emperador tenía que atender a que sus nobles no despilfarrasen sus bienes; esto significaba que la situación económica de Viena era realmente más precaria e inestable que nunca.

Así pues, Beethoven se encontró, en pocos años, nuevamente privado de la fuente de sustento que le había permitido dedicarse libremente a su arte, sin tener que preocuparse demasiado de las miserias cotidianas. Las largas y aburridas acciones legales que intentó contra el administrador del príncipe Lobkowitz y contra los herederos del príncipe Kinsky, quienes no estaban dispuestos a respetar el contrato, de poco le valieron; el proceso duró varios años, y terminó con una resolución burocrática que no resolvía nada.

Asimismo, en 1820, el archiduque Rodolfo partió de Viena para convertirse en arzobispo de Olmütz, y en 1816 moría el príncipe Lobkowitz sin dejar en su testamento ninguna puntualización respecto de la renta de Beethoven.

En este intenso y difícil periodo de su vida, Beethoven fue no obstante confortado por el estruendoso éxito que obtuvo en octubre de 1814, en Viena, durante un concierto realizado en ocasión de un congreso en el que se reunieron en Viena prácticamente todos los poderosos de Europa para visualizar el futuro y tomar decisiones, pues Napoleón había sido derrotado en Leipzig, y Europa debía definir un nuevo orden político e incluso geográfico, básicamente restaurador y antirrevolucionario.

En el Congreso de Viena participaron cientos de ministros y soberanos de las casas reinantes más dispares, desde los inconsistentes príncipes alemanes, que reinaban sobre territorios minúsculos, hasta el poderoso zar de todas las Rusias, señor absoluto de un imperio tan vasto como un continente.

Todo ese enorme contingente con sus familias y séquitos, se reunieron el 29 de octubre de 1814 en la sala donde tuvo lugar el concierto de Ludwig van Beethoven. El público estaba compuesto por más de seis mil personas que, después de la interpretación, aplaudieron largamente al maestro y proclamaron su triunfo.

En aquella ocasión, la programación incluía la *Séptima Sinfonía* y *La victoria de Wellington,* obras que reforzaban en el público los ánimos de furor nacionalista, y sobre todo antinapoleónico; además, se presentó la cantata *El momento glorioso,* que aludía al triunfo de los aliados sobre Bonaparte. Olvidando sus simpatías revolucionarias de juventud, Beethoven, como después habría de relatar su amigo Shindler en sus memorias ...*llevó personalmente las invitaciones a los monarcas que asistirían al concierto.*

Todavía el 25 de enero de 1815, Beethoven se presentaba una vez más como pianista ante ese público de cabezas coronadas. Ése fue su último concierto, pues la sordera, que ya era total, le impidió a partir de entonces tocar en público y dirigir música. El gran éxito logrado en sus últimos conciertos le permitió obtener una discreta ganancia que no dudó, cual buen burgués de la época, en invertir en acciones del Banco de Austria, y también obtuvo un reconocimiento oficial de su capacidad artística con la promoción a "ciudadano honorario" de la ciudad de Viena. Todo esto parecía atestiguar, sin posibilidad de duda, la vuelta al equilibrio y una conquistada serenidad; cuando, en cambio, cada vez que abandonaba un teatro, una sala de conciertos o la casa de un amigo, Beethoven experimentaba un acendrado sentimiento de soledad y angustia.

Tormentas familiares

Pocos amigos quedaban ya junto a Beethoven, pero ésos fueron los que permanecieron a su lado hasta el final: iban a menudo a visitarlo a uno de los tantos domicilios que tuvo en esa época, pues se veía obligado a cambiar de casa con frecuencia; pero también su vida había entrado en un estado de caos: "*libros y papeles de música diseminados por todas partes; allí los restos de una cena fría; aquí, las botellas destapadas y semivacías; allá, sobre un atril, rápidos apuntes para un nuevo cuarteto; acá, los restos del almuerzo; más allá, sobre el piano, hojas borroneadas con ideas para una grandiosa sinfonía todavía en estado embrionario; por otro lado, pruebas de imprenta en espera de ser corregidas; cartas de amigos o de negocios dispersas por el piso, junto a los charcos de agua dejados por los baños que acostumbra tomar con frecuencia cuando está ocupado en componer...*

Más allá de esta confusión increíble, Beethoven casi siempre tenía que manejarse entre un frenético vaivén de amas y cocineras a las que detestaba, y a las que normalmente acababa por despedir o inducirlas a darse por despedidas por sí solas, en caso de no haber huido previamente, como ocurría de vez en cuando, a veces el primer día de servicio. Al parecer, la convivencia con el maestro no era nada fácil, principalmente por el desarreglo de sus horarios y sus costumbres, tal vez debido a la poca atención que prestaba a los aspectos triviales de la vida cotidiana.

Tampoco las relaciones con los familiares fueron muy serenas, o siquiera medianamente amables, a causa de la soledad a la que lo había relegado aquel amargo silencio, pero también la diversidad de caracteres con respecto a sus hermanos, de manera que las relaciones que Beethoven mantuvo con ellos siempre fueron esporádicas u ocasionales.

Con todo, el músico, que desde joven se había sentido responsable de ellos en tanto que presunto primogénito, se preocupó siempre vivamente de cómo vivían, ya fuera desde el punto de vista moral, o desde el económico; tanto a Johann como a Kaspar, más de una vez Beethoven les prestó dinero a sabiendas de que no lo volvería a ver; pero también más de una vez participó, sin ser requerido, y menos tolerado, en la vida privada de sus hermanos.

El rígido moralismo de Beethoven no toleraba que Johann viviese con una amante sin regularizar su situación y, por otro lado, siempre se declaró contrario al matrimonio que Kaspar había contraído con una mujer de no muy buena reputación.

La discordia con Johann se aplacó, cuando éste aceptó convertirse en marido de su amante, mientras que respecto a Kaspar, Beethoven no tuvo más remedio que acostumbrarse a tener una cuñada que consideraba cuestionable moral y socialmente.

Pero el músico ayudó sobre todo a Kaspar en los momentos de necesidad, y al parecer gastó en éste y en su familia más de 10,000 florines. Kaspar había encontrado un trabajo como empleado de banco en Viena, pero Ludwig, con el fin de ayudarlo a aumentar sus ingresos, le confió la tramitación de sus asuntos comerciales con los editores, autorizándolo a retener para sí una parte de las ganancias.

El 15 de noviembre de 1815, Kaspar murió, víctima de la tuberculosis, dejando a su mujer y a un hijo, Karl, de apenas nueve años. En el quinto párrafo de su testamento, él escribió: *Nombro tutor de mi hijo Karl a mi hermano Ludwig van Beethoven, dado que este hermano mío me ha ayudado a menudo con verdadero amor fraternal de la manera más noble y generosa, y espero que también en el futuro, con toda la confianza que tengo en su noble corazón, sepa manifestar a mi hijo el afecto y la amistad que con tanta frecuencia me ha demostrado a mí, y que emplee todo medio posible para la educación espiritual de mi hijo y procure su éxito. Sé que no se rehusará a esta súplica mía.*

Una nota que Beethoven siempre consideró añadida a instancias de su cuñada, especificaba que la tutela de Karl tenía que ser compartida entre el tío y la madre. El músico siguió al pie de la letra las palabras del testamento y decidió asumir la tarea confiada por el hermano del modo más digno posible. Ante todo, se propuso arrancarle a cualquier precio el niño a su madre, a la que odiaba personalmente, y con tal motivo inició una serie de trámites legales que se extendieron durante varios años (de hecho hasta 1820) y que finalmente le permitieron lograr su objetivo, demostrando a los jueces la pésima conducta de la viuda, a su entender indigna de educar a su hijo. La madre pudo ver varias veces al niño después de la sentencia, pero siempre a hurtadillas y eludiendo la estrecha vigilancia de Beethoven.

Si bien la relación con el sobrino suponía para Beethoven algo más bien tormentoso, áspero y difícil, ese hecho habría de constituir *...la más profunda experiencia emotiva, la mayor aventura sentimental de su vida, de la que salió alterado, exaltado y humillado.* (Luigi Magnani.)

El pequeño Karl estaba acostumbrado por parte de sus padres a considerar al tío Ludwig, "un tipo algo raro". Impresión que seguramente había confirmado por las imprevistas irrupciones de Beethoven en casa de su hermano, con "los ojos endemoniados", dos tapones de algodón en los oídos, impregnados de un líquido amarillento y largos y desordenados cabellos que le caían sobre el rostro. El niño había asistido muchas veces a los escándalos que su tío hacía con frecuencia a su padre, cuando descubría que éste lo había engañado en sus tratos con los editores, bien reteniendo para sí todo el dinero, o bien, no efectuando ninguno de los trámites que le correspondían. Además de esto, no eran raras las ocasiones en las que Karl se había visto obligado a escuchar los insultos e improperios que a menudo Beethoven lanzaba contra su cuñada, acusándola en voz alta de ser "una pésima mujer y una madre desnaturalizada". Así pues, esas reiteradas situaciones habían hecho desagradable la figura del tío a los ojos del sobrino, y bien se puede entender con cuán poca disposición abandonó la casa paterna unos meses después de quedarse huérfano para ir a vivir con su "terrible" tío.

Pronto Beethoven advirtió que la desordenada vida que llevaba no era adecuada para un niño de nueve años, y decidió por tanto confiar a su sobrino por algún tiempo a un colegio, quizás el mejor de Viena, dirigido por un seguidor del gran pedagogo suizo Johann Heinrich Pestalozzi, cuyas ideas se encontraban entonces a la vanguardia en el campo de la educación infantil.

Durante muchos años, Karl siguió considerando al tío un "viejo aburrido y petulante", extremadamente rígido, severo, y sobre todo incapaz de entender que no todas las alegrías de la vida debían consistir en el arte de la música o en el estudio de las letras. Al contrario, la personalidad y las inclinaciones que el muchacho pronto mostró tener, no coincidían en absoluto con los ideales humanísticos del tío. Tal vez Beethoven se había ilusionado en el hecho de contar, en un futuro no muy lejano, con la proximidad de un joven sensible y culto con el fin de poder confiarle los secretos del lenguaje musical, y con quién poder conversar de elevados y profundos temas de filosofía, poesía o política, como tanto le placía a él mismo.

En cambio, Karl, quizá justamente por reacción ante las ambiciones de su tío, o por el ambiente austero en el que Beethoven lo obligó a vivir, o tal vez únicamente por ironía del destino, reveló antes de tiempo una pujante inclinación hacia los juegos de azar, el vicio de la bebida y las llamadas "malas compañías". En compensación, jamás demostró ninguna inclinación hacia el arte en general, y menos a la música en particular, truncando las aspiraciones de Beethoven de convertirlo en heredero de su genio.

Las preocupaciones por el sobrino condujeron a que, durante 1816, la producción artística de Beethoven, entre uno y otro proceso contra su cuñada, fuese más bien escasa; aunque sólo en un sentido cuantitativo, pues de ese periodo destacan las *Lieder del ciclo A la lejana amada,* que consta de seis cantos sobre otros tantos poemas de Alois Isidor Jeitteles, un estudiante de medicina aficionado a la poesía y cuyos versos eran particularmente gratos a Beethoven.

Dos sonatas otoñales

En 1816 sobresale también la *Sonata para piano en la mayor op. 101,* que inicia el ciclo de las últimas obras maestras pianísticas de Beethoven. La Sonata está dedicada a la baronesa Dorothea von Ertmann, ex alumna del maestro y una de las mejores pianistas aficionadas de la alta sociedad vienesa.

El trabajo, de notable dificultad técnica y conceptual, permitía vaticinar la que sería la siguiente obra de Beethoven, la más imponente entre sus sonatas y una de las más grandes creaciones instrumentales que jamás se hayan concebido: la *Sonata para piano en si bemol mayor op. 106. ...He aquí una Sonata que pondrá en aprietos a los pianistas cuando la toquen dentro de 50 años",* escribió en 1818 al editor Artaria el propio Beethoven, plenamente consciente de la originalidad innovadora de su evolución artística. En la cubierta de la partitura y en la dedicatoria, Beethoven sustituyó, por un inocente formulismo debido a un imprevisto fervor de nacionalismo musical, la palabra italiana "pianoforte" por *hammerklavier* (piano de martillos): *La dedicatoria tiene que mostrarse*

Dorothea von Ertmann, una de las mejores pianistas aficionadas en Viena.

a un estudioso de la lengua "Hammerklavier", que es en verdad una palabra alemana, lo mismo que el instrumento; el honor para el que el honor merece. Sin embargo, en su celo germano, Beethoven demostró ignorar que el piano había sido invención del constructor italiano de clavicordios Bartolomeo Cristófori y no de un artesano alemán.

La Sonata, compuesta contemporáneamente al primer tiempo de la *Novena Sinfonía* también con parte de la *Misa Solemnis,* permaneció largo tiempo incomprendida por sus contemporáneos, tal como, por lo demás, lo había profetizado el propio Beethoven, y considerada "imposible" de interpretar y escuchar. Precisamente en esta ocasión, Beethoven anotó en una libreta de apuntes suya, la frase de Goethe: "Una segunda, una tercera generación me recompensarán dos, tres veces de las injurias que he tenido qué soportar por parte de mis contemporáneos."

En 1836, Franz Liszt, a sus 24 años, fue el primero en interpretar esta Sonata, dándosela a conocer a Berlioz, quien habría de comentar este concierto de la siguiente manera: *Ha sido la interpretación ideal de una obra considerada como inejecutable. Liszt, aventurándose con un trabajo todavía incomprendido, ha dado pruebas de ser el pianista del porvenir: ¡honor a él!*

La crónica del silencio

Hacia comienzos de 1818, la sordera de Beethoven llegó a un punto tal, que se volvieron inútiles las trompetillas acústicas; por lo tanto, a partir de entonces, comenzó a servirse sistemáticamente de cuadernos en los que los amigos o las otras personas que lo visitaban le comunicaban sus mensajes. Estas notas, reunidas, conforman lo que se ha llamado *Cuadernos de conversación,* testimonio del único contacto que el músico tuvo en sus últimos años de vida con el mundo exterior. Escribe Ferdinand Hiller: *La conversación con Beethoven tenía que efectuarse en parte por escrito; él hablaba y sus interlocutores estaban obligados a escribir sus preguntas y respuestas. Con este fin el siempre tenía a la mano gruesas libretas de papel ordinario, así como una cantidad de lápices. {…} Seguía con el ojo ávido la mano que escribía, y captaba con un golpe de vista, más que leyendo, lo que ahí quedaba escrito. Esta continua tarea de escritura, por parte de sus visitantes suponía, claro está, un obstáculo para la agilidad de la conversación.* Para Beethoven éste era el único medio para conservar la comunicación con los demás, necesaria a su vida de hombre y de artista, tal como él mismo dijo: *De este modo no estoy del todo aislado del mundo y de aquellos que me aman…*

A la muerte del maestro, los *Cuadernos de conversación* eran más de 400, según Stephan von Breuning, quien los obtuvo de los herederos junto con otros papeles, y se los donó a Anton Schindler para facilitar la redacción de la biografía que éste estaba escribiendo sobre el maestro y amigo común. Sin embargo, cuando en 1846 se estipuló la venta de los *Cuadernos* a la *Königliche Bibliothek* de Berlín, su número sólo llegaba a 136. Los 264 cuadernos que faltaban habían sido destruidos por el propio Shindler, quien se justificó con el pretexto de su comprometido contenido político. Según Shindler, algunos de ellos "contenían los ataques más groseros y desconsiderados tanto contra el emperador como contra el príncipe heredero y otros ilustres miembros de la familia imperial: ...*Desdichadamente, era éste un tema en el que Beethoven, notoriamente en constante conflicto con las autoridades gubernativas, sus leyes y ordenanzas, se complacía de buen grado en la conversación.*

Los *Cuadernos de conversación* abarcan el periodo que va de 1818 a 1827, año de la muerte del maestro, y desgraciadamente registran más las voces de sus interlocutores que las del maestro. Sin embargo, sus opiniones se entreven de todos modos en las respuestas, las preguntas o los comentarios de los amigos.

Por los extractos de los discursos a que aluden los *Cuadernos* sabemos que los últimos amigos de Beethoven eran sobre todo personas pertenecientes a la media y pequeña burguesía, o bien, profesionales en el campo del arte y la cultura. Todos ellos estaban animados por una profunda devoción y afecto por aquel gran hombre que tenían enfrente y que no podía escuchar sus voces. Entre ellos, se encontraba el empleado de Banco, Franz Oliva; el periodista Karl Bernard, y los profesores del sobrino Karl, Peter y Giannastasio del Rio.

Entre los músicos amigos de Beethoven, se encontraban Karl Czerny, quien había sido "niño prodigio", y su alumno Ignaz Schuppanzig con los compositores del cuarteto homónimo que por su fidelidad y disciplina era llamado por el músico *Leibquartett* (cuarteto preferido) y, finalmente, Anton Schindler, el principal interlocutor de los *Cuadernos de conversación*. Este último, compositor y también alumno de Beethoven, no persiguió otro objetivo en su vida que el de convertirse en confidente del maestro, con el fin de obtener así mayor gloria para sí y para su carrera. Servil y paciente hasta un grado humillante, y celoso del privilegio que había conseguido con su sumisión, Schindler quería aparecer a cualquier precio ante los ojos de sus contemporáneos como el heredero espiritual de Beethoven.

El maestro no parecía pensar lo mismo, ya que escribió así a su sobrino Karl: *Te enviaré unas líneas para Schindler – ese sujeto digno de desprecio –, porque no me place tener nada que ver directamente con ese miserable.*

Heinrich Heine fue todavía menos piadoso que Beethoven, y describió de esta forma a Schindler después de haberlo encontrado en París en 1841: *Bastante menos sugerente que la música de Beethoven fue para mí Schindler, el "amigo de Beethoven", tal como se proclamaba por todas partes y hasta creo que en su tarjeta de visita. {...} Un varal negro envuelto en una corbata tremendamente blanca y con un hocico de cadavérica oscuridad...* Se comprende así, hasta qué punto su aspecto pudo suscitar en Beethoven el supersticioso temor de encontrarse junto a un "gafe": *Pero, sobre todo, ante usted experimento cierto terror, siento que por su culpa me ocurrirá alguna desgracia...*, le escribió en una ocasión en el cuaderno, con cruel sinceridad. Así, pues, el último periodo de la vida de Beethoven sucedió en presencia de este pálido figurón, siempre atento a que se reparase en su persona al lado de la del ilustre maestro, como para que se le confundiese con su segunda sombra. En sus *Divagaciones musicales* escribió Heirich Heine: *¿Ha sido este amigo de Beethoven realmente su Pílades? O, más bien, ¿no habría que situarlo en esa clase de desconocidos insignificantes con los que a veces un hombre genial se entretiene de tanto mejor grado cuanto más insulso es su parloteo, que hasta ofrece un alivio tranquilizador después de los fatigosos vuelos líricos del espíritu? ¿Cómo podría el gran artista soportar a un amigo tan poco divertido y pobre de espíritu?, se preguntaban los franceses que habían perdido la paciencia ante la monótona charla de ese pesado invitado. No recordaban que Beethoven era sordo.*

Afligido, además de por su sordera, por los disturbios del aparato respiratorio e intestinal, en uno de los *Cuader-*

nos el músico escribió: *Si esta situación no se acaba, el próximo año estaré en la tumba.*

Misa Solemnis

Además de los intercambios de ideas con amigos y visitantes ocasionales, los *Cuadernos de conversación* contienen asimismo apuntes musicales: rápidos, a menudo indescifrables esbozos que proporcionan un buen testimonio del laborioso trabajo creativo de las postreras e inmensas obras maestras de Beethoven: las últimas dos sonatas para piano, la *Novena Sinfonía* y la *Misa Solemnis*, además de los últimos cuartetos. Desde 1819 Beethoven trabajaba en una misa que había decidido componer para su alumno y amigo, el archiduque Rodolfo; tenía que estar terminada el nueve de marzo de 1820, fecha en que el archiduque debía convertirse, solemnemente, en arzobispo de Olmütz, en Moravia. El músico se volcó con ahínco en la composición, pero pronto advirtió que la misma no podía estar terminada para la fecha prevista. En efecto, tomó consciencia de carecer de suficiente "cultura" respecto de la música sacra. Los *Cuadernos de conversación* de aquellos años en verdad están llenos de apuntes y notas sobre los procedimientos de composición de antiguos maestros que ya habían experimentado con ese género. Además, sabemos que Beethoven efectuó personalmente, con ayuda del joven Karl Czerny, algunas investigaciones en la biblioteca imperial, y en otras colecciones privadas con el objetivo de poder localizar el mayor número posible de volúmenes de algunos de los más grandes maestros del género de la música sacra, como Palestrina, Händel y Bach.

En 1814, apenas poco años antes de que Beethoven iniciase estas investigaciones, se había publicado un ensayo de E.T. Hoffmann sobre la *Música religiosa antigua y moder-*

na que había suscitado muchas polémicas. En el mismo, el escritor y crítico alemán acusaba de superficialidad a las composiciones sacras más recientes, a excepción, naturalmente, de las de Haydn y Mozart, y aludía al arte de los antiguos maestros como expresión ejemplar del más profundo y sincero espíritu religioso. Sostenía perentoriamente Hoffmann que a ellos debería remitirse, para encontrar la pureza de lenguaje adecuada, quien pretendiese hacer música sacra.

Sin embargo, a diferencia de Hoffmann, Beethoven no aspiraba a un total "retorno de los antiguos", ya que sus investigaciones estaban más bien orientadas hacia un "progreso del arte". En una carta del 29 de julio de 1819 al archiduque Rodolfo escribía: *Los antiguos nos sirven muchísimo, porque al menos tienen un verdadero valor artístico. {...} Pero la libertad, el progreso en el mundo del arte, así como en toda gran creación, son el verdadero objetivo, y si bien nosotros, modernos, no estamos tan adelante en lo que respecta a firmeza como nuestros antiguos precursores, sin embargo, el refinamiento de nuestra cultura ha aportado algo.*

Por todo esto, la elaboración de la *Misa Solemnis* se reveló más comprometida de lo previsto. En efecto, Beethoven puso al servicio de una aspiración profundamente religiosa, la perfección de los medios técnicos modernos, y para alcanzar tal resultado, le fueron necesarios mucho tiempo, además de un gran trabajo de investigación y concentración. Empleó unos cuantos años para llevar a buen término la obra, que no estuvo terminada hasta 1823.

No puedo pensar sin emoción en el momento en el que vi al gran Beethoven empeñado en la composición del credo..., comentó Schindler, *...testigo de su divina inspiración, debo convenir en que nunca, ni antes ni después, he visto elevarse semejante esplendor en la tierra y entregarse a la inmensidad. {...} Sin embargo, nunca una obra maestra comparable a la Misa Solemnis nació en condiciones tan desgraciadas.* Muy probablemente, estas condiciones deben referirse al periodo de ansiosa espera del resultado del proceso iniciado contra la cuñada por la tutoría de Karl. El año del proceso, 1820, coincide con la época establecida para la entrega de la Misa al archiduque Rodolfo.

El músico escribió al archiduque para excusarse por el frustrado encargo de la partitura, y citó las "tristes circunstancias" que habían impedido la culminación de la Misa, prometiendo terminarla cuanto antes; lo que, sin embargo, no ocurrió sino hasta tres años después, en marzo de 1823. Como encabezamiento de la partitura de la *Misa Solemnis,* Beethoven escribió de su puño y letra el siguiente lema: *Que del corazón pueda retornar a los corazones,* para expresar la noble intención de su arte y el profundo significado que le atribuía a la sacralidad de la música. En el periodo en el que Beethoven trabajó en la composición de la Misa, su fervor religioso se hizo progresivamente más sólido; en efecto, el género al que pertenecía la obra correspondía a una íntima y reiterada exigencia suya de espiritualidad, y muchos han hablado, a propósito de esta música sublime, de ser un "himno de fe personal".

La *Misa Solemnis,* que el músico consideró siempre su obra mayor y mejor lograda, fue interpretada por primera vez en San Petersburgo el 6 de abril de 1824. El 7 de mayo del mismo año fue presentada ante el público vienés, durante el famoso concierto realizado en el teatro *Puerta Carintia,* junto con la *Novena Sinfonía,* pero su interpretación fue parcial, porque se había eliminado el *Gloria* y el *Sanctus-Benedictus.*

Rossini y Grillparzer

Beethoven pasó los veranos de los años 1818 a 1822, parte en Baden y parte en Mödling (una aldea de los alrededores de Viena); sobre todo en los dulces ambientes campiranos, mientras comenzaban a delinearse las moles arquitectónicas de la *Misa Solemnis* y de la *Novena Sinfonía;* completó sus últimas tres sonatas para piano, las *opus* 109, 110 y 111. Atestiguan hasta qué punto se reforzó en él la tendencia a la concentración interior.

Con la acentuación del forzado aislamiento todavía menos obligatorios se volvieron, en la música de Beethoven, los vínculos con los esquemas formales de la tradición. Con todo, el ambiente musical vienés no habría de adaptarse aun a este tipo de música, que en cada nueva creación no dejaba de desconcertarlo. El gran maestro Müller escribió hacia aquella época, en relación con el comportamiento de Viena hacia su amigo músico: *Los vieneses lo consideran un poco loco, critican la originalidad y la excentricidad de algunas composiciones suyas.* En efecto, en esos momentos los vieneses preferían deleitarse con las obras más frescas y ligeras de Gioacchino Rossini, llenando los teatros donde se representaban *Zelmira o Cenerentola,* y se entusiasmaban tanto con la música bufa y la ópera seria del músico italiano.

En 1822, Rossini, por entonces de unos 30 años, pasó una breve temporada triunfal en Viena, y no quiso dejar de rendir homenaje al "gran Beethoven". *He encontrado a Rossini* —escribía en un cuaderno suyo el hermano de Beethoven, Johann—, *y éste me ha saludado muy gentilmente. Mucho deseaba hablar contigo, si hubiera sabido que estabas en casa habría ido a visitarte.* Pero Rossini se acercó a casa de Beethoven unos días después; aunque luego confesó: *La sordera de Beethoven y mi ignorancia de la lengua alemana hicieron prácticamente imposible la conversación.*

Sin embargo, atendiendo al testimonio de Schindler, siempre atento y vigilante sobre cada detalle de la vida de Beethoven, esta visita nunca tuvo lugar, porque el músico se negó varias veces, y cada una de ellas con una excusa diferente a recibir a Rossini.

Esta versión le pareció fidedigna a Robert Schumann, que en un artículo publicado en la revista musical fundada por él mismo, la *Neue Zeitschrift für Muzik,* con la ironía que le era habitual, tradujo así, metafóricamente, el encuentro no ocurrido: *La mariposa voló por la estela del águila, pero ésta la esquivó para no aplastarla con un golpe del ala.*

Aparte de la ligera preocupación que debió despertar en él el imprevisto interés del público vienés por las obras de Rossini, puede afirmarse que Beethoven no tuvo rivales entre sus contemporáneos, los compositores de moda, como Czerny y Ries, eran, todos, alumnos suyos y le rendían homenaje. El astro naciente, Shubert, no era todavía plenamente apreciado, y Karl Maria von Weber apenas comenzaba a serlo.

En 1823, un joven pianista, alumno de Czerny, visitó a Beethoven; era Franz Liszt, quien en uno de los *Cuadernos* escribió: *Le he expresado muchas veces al señor Von Schindler mi deseo de conocerle, y me siento muy feliz de que eso se cumpla ahora. El domingo daré un concierto, y le ruego muy respetuosamente que me conceda el honor de su presencia.* Beethoven no asistió al concierto del "pequeño Liszt", pero emitió un juicio positivo sobre su modo de ejecutar cuando lo vio interpretar, el mismo día de su visita, una pieza de Ries y una fuga de Bach.

He aquí como el propio Liszt narraba, muchos años después, ese emocionante acontecimiento: *Tras el último acorde, lo miré. La mirada ardiente y taciturna del gran maestro se posó en mí e, imprevistamente, una afectuosa sonrisa le endulzó los rasgos. Entonces gané coraje y le pregunté audazmente: "¿puedo interpretar algo suyo?" Beethoven asintió, sonriendo; entonces toqué el primer tiempo del Concierto en do menor. Cuando hube terminado, me tomó de las manos, me besó en la frente y me dijo dulcemente: "Eres una criatura feliz y harás felices a otros hombres. Nada hay mejor que eso, ni más bello"... Ese acontecimiento constituye el mayor orgullo de mi vida y de toda mi carrera de artista. No lo he relatado, sino muy raramente y únicamente a buenos amigos.*

Desgraciadamente, Beethoven no habría de tener tiempo para saber que el "pequeño Liszt" se convertiría luego, quizás, en el máximo intérprete de aquellas sonatas para piano que él acababa de componer.

Aun cuando el trabajo y la sordera hubiesen alejado ya al compositor de toda relación social, no hubo un solo artista que, estando en Viena, no procurase encontrarlo de algún modo. La única excepción, que como siempre confirma la regla, fue el hijo de Mozart, que, a pesar de vivir en la misma ciudad y ser también músico, nunca quiso visitar a Beethoven, tal vez tenía guardado algún rencor a causa de la frialdad de las relaciones entre los dos grandes músicos, o lo lastimaba al éxito de Beethoven, comparándolo con el triste final de su padre.

Si bien Rossini, con sus óperas, había cosechado en Viena sus mayores éxitos, también Beethoven no dejó de sentirse satisfecho cuando se le solicitó la reposición de *Fidelio.* Era noviembre de 1822 y, a pesar de la sordera ya total, el maestro quiso dirigir personalmente la orquesta. Durante el ensayo general, ocurrió lo que todos temían y presagiaban: Beethoven, imposibilitado de oír una sola nota, arrastró a cantantes e instrumentistas a la más completa confusión. Sin embargo, él sin advertir nada, siguió dirigiendo mientras ninguno de los presentes se atrevía a interrumpir el concierto, para darle a entender la confusión que se había creado. Finalmente, Schindler, llevando al maestro aparte, le escribió en una hoja que sería preferible suspender la interpretación... Beethoven comprendió al instante, abandonó la sala y permaneció muchas horas humillado y en silencio. La reposición de *Fidelio,* interpretada oficialmente bajo la batuta de otro director, Ignaz Umlauff, obtuvo un sonado éxito que, tal vez, le ayudó a Beethoven a olvidar la amarga experiencia pasada.

El triunfo indujo a Beethoven a volver a incursionar en el campo operístico; en un *Cuaderno* de 1823, señaló: *Yo no escribo únicamente lo que preferiría escribir, sino también lo que me proporciona el dinero que necesito. Con esto no quiero decir que escriba solamente por dinero, {...} así espero escribir un día aquello que para mí y para el arte es lo más logrado: Fausto.*

Con todo, el grandioso proyecto tuvo que ser arrinconado y fue sustituido por otros trabajos de menor intención. En la primavera del mismo año, Beethoven le

Franz Grillparzer, considerado el mejor poeta de Austria.

propuso al poeta Franz Grillparzer, quien después habría de convertirse en el máximo representante del teatro austriaco recogiendo la herencia de Goethe y Schiller, que escribiese el texto de un drama al que él le pondría música. *Confieso que ese pedido* —diría Grillparzer en sus *Memorias sobre Beethoven*— *me produjo cierto embarazo. La idea de escribir un libreto de ópera era entonces totalmente ajena a mis intenciones; y, además, dudaba de que Beethoven, ya completamente sordo y cuyas últimas composiciones, a pesar de su alto mérito, habían adquirido un carácter áspero, lo que a mi parecer le impediría escribir una ópera. Pero la idea de ofrecerle a un gran hombre la ocasión, quizá, de un trabajo altamente interesante, prevaleció sobre cualquier consideración, y por eso acepté.*

Así pues, después de muchas reflexiones, Grillparzer escribió para Beethoven dos libretos que se identificaban con el género de la fábula: *Melusina* y *Dragomira.* A lo largo del todo el 1823, los contactos entre el escritor y el músico fueron más que frecuentes, como lo demuestran los *Cuadernos de conversación,* que informan fielmente sobre los temas de los diálogos y las recíprocas dudas de ambos artistas. Tras entregar a Beethoven el drama Dragomira, Grillparzer tuvo algunas incertidumbres; confió en una carta a un amigo, que temía que un drama tan fuertemente pasional *...le ofreciese a Beethoven un pretexto para acercarse, todavía más, mediante una materia semidiabólica, a los extremos limítrofes de la música, amenazadores y asechantes en tanto que abismales.* Sin embargo, tal problema siempre resultó falto de fundamento; en efecto, durante su última visita a Beethoven, el poeta tuvo la clara sensación de que el músico jamás compondría la ópera basándose en los dramas fabulosos.

Las románticas fabulaciones de Grillparzer no podían hallar una adecuada correspondencia en el ánimo del músico, a cuya inspiración únicamente se adecuaban los grandes ideales dramáticos. Así pues, Beethoven le dio a entender claramente a Grillparzer, que había perdido su entusiasmo por la iniciativa que él mismo le había propuesto, y se justificó ante el escritor diciéndole que *Melusina* y *Dragomira* trataban precisamente unos temas de evasión, exóticos y fantásticos que eran los que menos convenían a su estado de ánimo en esos tiempos. Sin duda eso era verdad; pero había otro motivo que le imponía a Beethoven la necesidad imperiosa de abandonar la idea de componer la ópera: por ese entonces estaba a punto de concluir su *Novena Sinfonía,* acaso el trabajo más elevado de toda su producción.

Treinta y tres variaciones sobre un vals de Diabelli

Todo el año de 1823 estaría dedicado a la elaboración de su obra monumental, la *Novena Sinfonía,* pero Beethoven, en este periodo, pudo también generar las energías para dedicarse a otra imponente, aunque más modesta obra maestra: las *Treinta y tres variaciones sobre un tema de Diabelli.*

En efecto, en 1823 el editor y pianista austriaco Anton Diabelli, invitó a *...los más destacados músicos y virtuosos de Viena y de los regios imperiales estados austriacos...,* a componer una variación sobre un vals propio, que era un tipo de danza que por ese entonces comenzaba a ponerse de moda, suscitando entusiasmos arrebatadores a los que se oponían las críticas desdeñosas de quienes se aferraban a la danza del siglo XVIII.

Además de Beethoven, otros 50 músicos participaron en el concurso entre ellos se encontraba Franz Schubert, que obviamente resultó ser el autor de la mejor variación, después de la de Beethoven; pero también se hallaban Karl Czerny, Johann Nepomuk Hummel, Wolfgang Amadeus Mozart (hijo homónimo del gran compositor), el archiduque Rodolfo y el "pequeño Liszt", artista de únicamente 11 años que, con tal ocasión, vio impreso su primer trabajo. Todos los concursantes escribieron, tal como estaba previsto, una o varias "variaciones" en tiempos relativamente breves. Solamente Beethoven, dando una vez más muestra de "originalidad y excentricidad", se dedicó a un trabajo lento y laborioso, y sus variaciones acabaron siendo nada menos que 33. Esta obra gigantesca, el último trabajo pianístico de

Beethoven, permaneció largamente ignorada por el público. Habría de corresponder luego al pianista y director de orquesta alemán Hans von Bülow, futuro yerno de Liszt, el mérito de presentarla por entero hacia fines del siglo XIX, proponiéndola como *un microcosmos del genio Beethoveniano, y una síntesis de todo su mundo musical.*

Es de suponerse que éste fue un trabajo muy laborioso para Beethoven, y quizá por ese motivo incluyó significativamente en la decimoséptima variación, un aria extraída del *Don Giovanni* de Mozart, cuyo título es *Notte e giorno a faticar.*

Cuando lo encontró en Viena, en el otoño de 1823, su amiga María Pachler percibió la fatiga de Beethoven: *Su aspecto me ha turbado. Lo encontré muy cambiado. Se lamentaba de su estado de salud y de su gran cansancio; su sordera era total, pero mostraba menos dificultades para hablar, para expresarse, como antes. Y, en efecto, nuestra conversación sólo fue escrita por parte mía; únicamente en el momento de la despedida me escribió un "adiós" musical que conservo como una reliquia.*

La *Novena Sinfonía*

Los primeros apuntes de Beethoven para la *Novena sinfonía en re menor* se remontan a 1817, pero tuvo que interrumpir reiteradamente ese trabajo para dedicarse a la composición de la *Misa Solemnis* y de las últimas sonatas para piano. Sin embargo, a partir de noviembre de 1822, se aceleró la redacción de la *Novena,* y en febrero de 1824 estuvo terminada.

Ya el 6 de julio de 1822, Beethoven le había escrito a su amigo Ferdinand Ries, quien se había trasladado por un tiempo a Inglaterra: *¿Tienes alguna idea de los honorarios que me ofrecería la sociedad filarmónica de Londres por una gran Sinfonía?;* Ries, el 15 de noviembre, le contestó: *50 libras;* la suma era muy baja, pero Beethoven la aceptó, e hizo el siguiente comentario: *Yo incluso trabajaría gratis para los primeros artistas de Europa, si no fuese el pobre Beethoven. Si viviese en Londres, ¡qué no escribiría para la sociedad filarmónica! {...} Si Dios me restituyese la salud, que últimamente ha mejorado un poco, me sentiría capaz de responder a todos los pedidos que se me efectúan de todos los rincones de Europa e, incluso, de América del Norte...* Así pues, la *Novena* se destinaría a Inglaterra, país que Beethoven admiraba y a donde siempre quiso ir a vivir.

Una vez terminada, la *Novena* tenía que permanecer durante 18 meses en propiedad exclusiva de la Sociedad Filarmónica de Londres, pero Beethoven no se atuvo a los términos del contrato y quiso presentarla de inmediato al público vienés en un concierto que incluiría también la interpretación de la *Misa Solemnis.*

Por los *Cuadernos de conversación,* sabemos que Schindler, en marzo de 1824, fue el primero en regocijarse con él por la decisión tomada como consecuencia de las reiteradas instancias de admiradores y amigos, de reservarle a Viena el derecho de prioridad sobre la primera audición de la última gran composición de Beethoven. *Su decisión me proporciona un placer extraordinario. Así tiene que ser. Todo saldrá magníficamente y todos se alegrarán por ello a partir de ahora.*

Hecho nuevo para una Sinfonía, la *Novena* incluía un coro en su final; la función de los solistas fue confiada a Henriette Sontag, como soprano, y a Caroline Unger como contralto, de 17 y 20 años respectivamente, quienes aportaron un aire de frescura y de alegría en el austero ambiente de Beethoven, y de sus ya mayores y severos amigos

Las dos jóvenes fueron invitadas varias veces a almorzar por el músico, la primera de ellas en su casa, en donde produjeron cierta confusión al no haber confirmado su llegada con suficiente tiempo; por los *Cuadernos de conversación* podemos reconstruir el curso de la jornada: *Cuando lle-*

Henriette Sontag (soprano) y Caroline Unger (contralto), aportaron un aire de frescura y alegría a la *Novena Sinfonía.*

gamos estaba usted con el barbero, lo esperamos para no molestarlo. Seguramente Beethoven había ido a ponerse presentable para el encuentro con las muchachas. Por su lado, la cocinera protestó por haber sido avisada demasiado tarde y, en consecuencia, no haber podido preparar casi nada: *Todo está cerrado ya* —escribió en el cuaderno— *...pollo con algunas porciones de carne del restaurante. Tenemos ensalada y hay "Kugelhof" como postre.*

En ese momento, Beethoven debió presentar sus excusas a las jóvenes, pues la Unger le escribió lo siguiente: *No he venido para comer bien, sino para tener el privilegio de conocerlo, lo que he deseado desde hace mucho tiempo.* Probablemente después se habló del nuevo concierto, aquel en el que el maestro presentaría la *Novena Sinfonía,* y ante sus titubeos una de las jóvenes escribió en el *Cuaderno*: *Si usted da un concierto, apuesto a que la sala estará repleta. Tiene demasiada poca fe en sí mismo. ¿No será que tantas loas del mundo entero lo han vuelto un poco orgulloso? {...} ¿No quiere creer que se arde de ganas de admirarle todavía en nuevas obras? ¡Uh, qué testarudez!*

También Schindler participó del almuerzo, pero se limitó a describir los efectos que el vino que había servido Beethoven había causado en las dos cantantes: *¡He aquí las heroínas! No están habituadas a beber vino; por otra parte, se trataba de un vino malo y ésta es la prueba de ello... Estas dos bellezas nos ofrecen sus cumplidos y nos ruegan que otra vez tengamos vino mejor y genuino.*

Beethoven vaciló largamente respecto a la elección del local en el cual llevar a cabo el concierto, indeciso entre el teatro *An der Wien* y el teatro *Puerta Carintia;* pero finalmente se decidió por el segundo, tal como, por lo demás le aconsejaban todos sus amigos, entre ellos también el príncipe Lichnowsky, con quien se había reconciliado. En una carta, Shindler comunicó a la dirección del teatro la decisión del maestro y solicitó una imponente orquesta de 24 violines, 10 violas, 12 violonchelos y contrabajos, con instrumentos de viento duplicados. La fecha establecida fue el 7 de mayo del mismo año, 1824, a las 19 horas. El programa incluía: una gran obertura, tres himnos de la *Misa Solemnis* y una *Sinfonía en re menor con coro final sobre la Oda a la alegría de Shiller, op. 125.*

Los ensayos fueron, desde un principio, muy difíciles y tormentosos: los cantantes se quejaban de lo que consideraban inhumano esfuerzo al que se obligaba a sus voces, y los instrumentistas de la nueva e inaudita tarea expresiva confiada a sus instrumentos. Sea como fuere, el siete de mayo todo se había resuelto y el público concurrió en gran número; desgraciadamente, faltaba la familia imperial y el archiduque Rodolfo, ausentes de la ciudad por esos días.

Beethoven le había prometido al empresario del teatro que dirigiría él mismo, pero esta vez los instrumentistas habían sido advertidos por el director Umlauff para que no atendiesen a los gestos del compositor y que sólo se fijasen en él, que procuraría dirigirlos desde la penumbra. Beethoven, muy preocupado por el éxito del concierto, temía no conseguir dirigir bien y recelaba de la acogida que le reservaría a su música un público que había aplaudido la de Rossini hasta el día anterior; y estaba también en ascuas porque tenía urgente necesidad de dinero. En efecto, los *Cuadernos de conversación* nos informan que su indigencia en ese momento era tal, que no le permitía siquiera tener un traje decoroso con el cual presentarse dignamente ante el público. Así escribe Schindler antes de acompañarlo al teatro: *Tomemos todo lo necesario ahora. Tome su chaqueta verde que tendrá que ponerse cuando dirija. El teatro estará en penumbras y nadie advertirá que es verde.*

Apenas terminado el concierto, el entusiasmado público aplaudió largamente, y Beethoven, todavía inclinado sobre la partitura y dando la espalda al auditorio, no pudo escuchar el estruendo de los aplausos. Caroline Unger, bajando del estrado de los cantantes, fue quien lo tomó de la mano y lo volvió hacia la sala, con el fin de que advirtiese su triunfo. Beethoven se sintió de inmediato feliz y conmovido por el resultado, tanto más cuanto Schindler, pocas horas después de la presentación le confirmó el éxito del siguiente modo: *Nunca en mi vida había escuchado aplausos tan impetuosos y al mismo tiempo tan sinceros como los de esta noche. El segundo tiempo de la Sinfonía fue interrumpido de inmediato por una ovación y hubo que reiniciarlo. La acogida fue más que imperial, porque la gente estalló tempestuosamente cuatro veces. Al final hubo gritos de ¡Bravo! Los instrumentos de viento funcionaron perfectamente, no se pudo sentir la mínima perturbación de la ejecución. Cuando la platea estalló en gritos y aplausos por quinta vez, el comisario de policía gritó "¡silencio!" La corte era aplaudida cuatro veces sin interrupción, pero Beethoven cinco.*

Sin embargo, mucho disminuyó la satisfacción de Beethoven al día siguiente, cuando le fue comunicado el resultado económico del concierto, pues el ingreso, de 2,200 florines, fue casi en su totalidad absorbido por los gastos, y a Beethoven le correspondió menos de una quinta parte de esa suma. Inmensa fue la desilusión del maestro, quien atribuyó la culpa de los grandes gastos a Schindler, que a su entender lo había timado, en complicidad con el director del teatro.

En consecuencia, Beethoven invitó a almorzar en el restaurante del Prater, al que concurría a menudo y que se llamaba *Zum Wilden Mann,* al músico Schuppanzig, al director de la orquesta Umlauff y a Schindler. Aquí descargó su rabia sobre este último, que se vio obligado, a causa de los insultos, a salir del restaurante. Schuppanzig, que había intentado defenderlo, escribió en el *Cuaderno*: *El pobre Schindler no tiene la culpa, es realmente inocente…* También Beethoven tuvo que reconocerlo, y apaciguada su ira, unos días después escribió una carta para excusarse del incidente del Prater, diciendo: *Ya no lo culpo de nada en lo que respecta al concierto.*

Estaba prevista una segunda audición del concierto que

tuvo lugar el 23 de mayo. Por esta audición el director del teatro le aseguró a Beethoven el pago de 500 florines, cualquiera que fuese el ingreso. Como contrapartida, le pidió que aligerase un poco el programa. El músico redujo en una parte más la *Misa Solemnis,* e incluyó antes de la interpretación de la *Novena Sinfonía,* la célebre aria *Di tanti palpiti de Tancredo,* de Rossini, esperando de este modo complacer al público. Sin embargo, el 3 de mayo fue un hermosísimo domingo de Sol, y los vieneses no quisieron renunciar a un día de campo, por lo que la asistencia al concierto fue muy escasa, pese a las modificaciones efectuadas por Beethoven, o tal vez a causa de ellas, como comenta su sobrino Karl: *Una parte del público se abstuvo de asistir, porque el aria de Rossini le indignaba, como yo mismo pude comprobar. Estaba en la sala para escuchar los comentarios y todos se mostraban indignados; el público comentaba el hecho de que tus composiciones fueran puestas a la par con las monsergas de Rossini, deshonrándote. No tenía que haber ocurrido así.*

En esa ocasión, el público se reveló sumamente imprevisible. Hubo un déficit de 800 florines, por lo que Beethoven se ofreció a renunciar a los 500 ofrecidos, pero el director mantuvo su palabra y quiso que a toda costa el músico recibiese su parte. Entre tanto, éste había definitiva y regularmente expedido la partitura de la *Novena Sinfonía* a la Sociedad Filarmónica de Londres, recibiendo por ella 50 libras esterlinas previstas por la composición.

Los apuntes de Beethoven sobre su última Sinfonía dejan intuir que, inicialmente, la *Novena* había sido concebida como una composición puramente instrumental, sin coro al final, es decir, exactamente como las ocho precedentes. Sin embargo, Beethoven acariciaba desde hacía mucho años el proyecto de poner música a las palabras del *Himno a la alegría* de Schiller, así como el asociar voces e instrumentos en alguna composición orquestal; así que la nueva Sinfonía en la que estaba trabajando, le proporcionó finalmente la ocasión de realizar estos propósitos, y a comienzos de 1822 anotó su decisión definitiva: *Sinfonía que termina con la entrada del coro "Freude, shöner Götterfunken, Tochter aus Elysium"* (hermosa y feliz preferida de los dioses, hija de Eliseo). *Fin de la sinfonía con música a la turca o coro vocal.*

Aun cuando la audaz e inusitada inserción de un "final con coro" causó no pocas reservas y prevenciones en los ambientes musicales de la época, la Sinfonía fue aceptada y aclamada en su integridad por la mayor parte de los críticos y entendidos. Precisamente por dicha inserción de la voz, Richard Wagner habría luego de considerar esta Sinfonía el "manifiesto" del arte nuevo, es decir, un arte que tenía que realizar la unión entre sonido, canto y poesía. El "finale" de la *Novena* dura unos 26 minutos, y según el musicólogo inglés Tovey "*...en toda esa furia final, con el timbal, las campanillas y el triángulo marcando el tiempo con frenética insistencia, Beethoven mantiene su griega simplicidad y sutileza de proporciones. Sólo exteriormente la música parece quebrantar todos los límites; pero su sustancia y forma están medidas con exactitud...* Mucho se ha escrito y mucho falta por escribir sobre la *Novena Sinfonía,* en la que Beethoven quiso, sobre todo, expresar un mensaje de hermandad humana, y las palabras del texto de Schiller, elegidas por él, hablan por sí solas para expresar su pensamiento y su esperanza *Alle Menschen werden Brüder...* "Todos los hombres serán hermanos."

Al día siguiente de la desafortunada segunda audición del concierto, el príncipe Nikolaus Galitzin le escribió al compositor para demostrarle su solidaridad: *La ingratitud de esta capital con usted me repugna, y creo que usted se sentiría mejor si viviera en otra parte. {...} Si se dedicase a viajar por Europa lograría que el universo entero acudiese a usted...* Con todo, Viena habría de seguir siendo, hasta el final, la "prisión" de Beethoven; sus innumerables proyectos de dejarla "con todos sus vieneses" nunca habría de realizarse. Postrado por el esfuerzo y mortificado por la indiferencia de un público que había desertado de la segunda audición del concierto para disfrutar de una hermosa jornada de Sol, Beethoven procuró alejarse de Viena de cualquier modo, pero no mucho; por ello, se trasladó a la vecina Baden, en busca de tranquilidad y reposo.

En Baden, Beethoven se encontró en la más absoluta soledad, pues solamente su sobrino fue a visitarlo en alguna ocasión. Pero Beethoven no se dio tregua, citaremos una carta de él, fechada el 17 de septiembre de 1824, a B. Schott, el editor de Maguncia que publicó sus últimas obras: *...Me siento muy cansado y débil. Tiene usted que tener mucha paciencia conmigo; me encuentro aquí a causa de mi salud, o al contrario, a causa de mi falta de salud; aunque ahora ya estoy mejor. {...} Es necesario que antes de que me traslade a los Campos Elíseos, deje tras de mí al Espíritu que me inspira y me ordena que concluya. Hasta ahora me parece que sólo he escrito unas pocas notas...* En efecto, después de la *Novena Sinfonía,* Beethoven habría de enriquecer todavía el mundo de la música con sus últimos cinco *Cuartetos.* Si la *Novena* había sido un atribulado mensaje de unión fraternal a toda la humanidad, a ellos les correspondió la tarea del adiós más íntimo y recogido, casi un testamento espiritual, como si al diálogo entre los cuatro instrumentos hubiese confiado Beethoven sus últimas y dramáticas confesiones.

La práctica del cuarteto había nacido entre los siglos XVII y XVIII, pero sólo con Franz Joseph Haydn, el cuarteto se elevó a un predominio aristocrático sobre todas las otras formas de música de cámara. Después de Haydn, Mozart, y después de Mozart, Beethoven, se aventuraron ampliamente en este género.

En los últimos cinco *Cuartetos,* y especialmente en el *Cuarteto op. 132,* Romain Roland reconoció un profundo sentido religioso: *Es uno de los más extraordinarios cuadros místicos que se han pintado en la música. Resulta apenas concebible que se lo incluya en los conciertos, pues exigen el recogimiento del oratorio o más aún, la concentración de la contemplación solitaria. Podría encontrar su sitio en un libro de plegarias.*

Soledades y tragedias

Gerhard von Breuning, hijo de un amigo de Beethoven desde los tiempos de Bonn, Stephan, mientras paseaba por Viena con su padre, encontró varias veces al músico en este último periodo de su vida y lo describió así: *Desaliñado en el vestir, siempre absorto en sus pensamientos, gesticulaba con los brazos caminando solo. Si alguien lo acompañaba hablaba con gran vivacidad en voz alta; y sucedía que aquellos que se le cruzaban se volvían a mirarlo y los niños hacían comentarios. {...} Su sobrino, Karl, detestaba salir con él, y un día le confesó que sentía vergüenza por su aspecto de loco.* En 1826, las relaciones entre Beethoven y Karl se volvieron aún más tirantes de lo que siempre habían sido. El muchacho se quejaba del "imposible carácter" y las bruscas reacciones del tío, tanto como de la rígida vigilancia a la que continuamente estaba expuesto; "a pesar de que (como él repetía constantemente) ¡ya tenía 20 años!" Si bien los innumerables altercados de Beethoven con su sobrino afligían a Beethoven y lo amargaban, sobre el joven estos tuvieron un efecto exasperante sin más, y lo indujeron a un gesto desesperado. *A ti te parece que se trata de una testarudez el que, después de haberme hecho reproches inmerecidos durante horas, no consiga pasar de inmediato del amargo sentimiento de dolor a la indiferencia y a la broma. No soy tan superficial como tú piensas.* Así escribió Karl en uno de los *Cuadernos de conversación* un tiempo antes de intentar su suicidio.

La noticia de que el muchacho había intentado quitarse la vida con un disparo desconcertó a Beethoven, quien se angustió grandemente por la suerte del joven y permaneció junto a él todo el tiempo de su recuperación. A Schindler, quien siempre le reprochaba el mostrarse demasiado indulgente con aquellos que en su vida no habían hecho otra cosa que causarle aflicciones y disgustos, Beethoven contesta: *Yo no busco otra cosa sino su bien. Si ahora lo abandono, podría ocurrir cualquier cosa terrible...*

Este dramático suceso empeoró el estado de salud de Beethoven, ya aquejado de fuertes dolores intestinales y por un reciente ataque de gota. En octubre de 1826 quiso de cualquier modo trasladarse con su sobrino, que ya se había restablecido totalmente, a *Gneixendorf*, a orillas del Danubio, para encontrarse con su hermano Johann, con el que desde hacía tiempo se había reconciliado.

La estancia se prolongó inexplicablemente hasta principios del invierno, aun cuando la hospitalidad del hermano no fue, por cierto, de las más generosas, tal como puede colegirse de lo que éste le comunicó un día al músico: *Si quieres vivir con nosotros, puedes hacerlo por 40 florines al mes. No tomo en cuenta los primeros 14 días, podría dar más de mi parte si no me acuciaran los impuestos.* Hasta diciembre, Beethoven no decidió, finalmente, dejar la poco acogedora casa de su hermano y volver a Viena. El viaje, 80 kilómetros por senderos intransitables y con un frío penetrante, resultó, desde luego, desastroso. Beethoven llegó a su casa abrasado por la fiebre y presa de una doble neumonía. Los cuidados de los médicos lo ayudaron a superar este grave momento, pero apenas curado se sumió en una crisis todavía más grave, pero de carácter psicológico más que físico. En efecto, Karl tenía que partir con el fin de incorporarse como cadete al regimiento en el que había decidido enrolarse (probablemente para sustraerse a la tutela de su tío) y que se hallaba acantonado en Iglau, Moravia.

El joven partió el 2 de enero de 1827, y Beethoven, al despedirlo, presintió que nunca habría de volver a verlo.

El final

Desalentado por la idea de la soledad que lo aguardaba, ahora que también Karl se había marchado, Beethoven procuró, en su último mes de vida, volver a acercarse a los amigos que todavía le quedaban. En febrero de 1827, manifestó los primeros síntomas de hidropesía y fue sometido además a tres intervenciones quirúrgicas en el abdomen, sin que, por lo demás, las dolorosas operaciones aportasen ninguna mejoría a su salud.

Por otra parte, sus sufrimientos se vieron agudizados por el tormento interior determinado por la ausencia de Karl, la única persona que realmente había deseado que permaneciese a su lado: *Estas preocupaciones, a causa del joven Karl te han hecho mucho daño {...} es preciso que no tengas demasiadas emociones; sólo tienes que pensar en cosas placenteras, lo que podrá acelerar tu curación...* Le escribió Stephan von Breuning, que junto con su hijo Gerhard lo visitaba asiduamente. Sin embargo, la curación parecía cada vez más improbable, y el mismo Beethoven pareció saberlo: *Esos días postreros fueron extraordinarios* —escribió Schindler en la *Biografía de Beethoven*—:*Con una sabiduría realmente socrática y una gran paz en el alma veía llegar la muerte.*

Para confortarlo en los últimos días de su vida, Schindler estuvo constantemente presente, además del joven Gerhard von Breuning, quien era el único capaz de tranquilizarlo y el único cuya visita esperaba impaciente. Al músico le gustaba sobre todo la sensibilidad y sinceridad del muchacho, que parecía poseer asimismo, todas las dotes que él había desarrollado para Karl. Las numerosas páginas de los *Cuadernos* que contienen los mensajes de Gerhard al maestro enfermo, atestiguan sobre todo su ansia de aliviarle un poco de sus sufrimientos: *Hoy he oído comentar que sufres hasta tal punto por las chinches cuando descansas, que te despiertas continuamente durante el sueño. Para que el sueño te haga bien, te traeré algo para ahuyentarlas.*

El gran Beethoven murió en la desolación de una habitación infectada por las chinches.

El "gran Beethoven", el músico que había creado composiciones inigualables y recogido las aprobaciones más entusiastas, se consumía entre padecimientos y miserias, en la desolación de una habitación infectada por las chinches.

Única y última satisfacción de aquellos días penosos fue la recepción de Inglaterra de una suma de 100 libras esterlinas, equivalentes a unos mil florines austriacos, que la Sociedad Filarmónica de Londres le envió como anticipo por el último concierto a efectuarse en su beneficio. *Cuando Dios me haya devuelto la salud* —escribió Beethoven—, *me esforzaré por manifestar con mis obras toda mi gratitud.* Poco antes, y de modo muy realista, le había comunicado a su sobrino: *La continua soledad me debilita cada vez más, el hombre de la guadaña no tardará en venir.*

El "hombre de la guadaña" llegó el 26 de marzo de 1827. Las exequias se efectuaron dos días después y fueron majestuosas; las libras esterlinas que habían llegado unos días antes sirvieron para pagar un funeral de primera clase.

La muchedumbre era inmensa, como si todos los vieneses hubiesen advertido, sólo entonces el genio de Beethoven y hubiesen acudido a ofrecerle su último saludo.

El conde Zmeskall, quien asistió al funeral desde la ventana de su habitación por encontrarse inmovilizado debido a una enfermedad, describió el funeral del siguiente modo: *La muerte de Beethoven produjo en Viena una emoción de la que no se tiene memoria. {...} Entre 20 y 30 mil personas lo acompañaron a la tumba. Los compositores más destacados, entre ellos Schubert, llevaban las cintas del féretro, e innumerables músicos seguían, vestidos de luto, portando flores y cirios encendidos.*

En el cementerio de Wärling, un actor del Burgtheater, Heinrich Anschütz, leyó, entre la conmoción de todos, la oración fúnebre escrita por Grillparzer: ...*Fue un artista, y quien venga después de él no podrá proseguir su camino, sino que tendrá que recomenzar de cero, porque él solo se ha detenido ahí donde están los límites del arte.*

El sobrino no llegó a tiempo para los funerales. Arribó al día siguiente, y el doctor Bach, albacea de Beethoven, le mostró la página del 3 de enero de 1827, en la que su tío lo nombraba su heredero universal. Así pues, inmediatamente después de la partida de Karl hacia Iglau, Beethoven había decidido dejarle el poco dinero que poseía y las siete acciones del banco de Austria que había adquirido en 1815 con las ganancias del concierto efectuado en ocasión del Congreso de Viena. Estas acciones eran su más notable riqueza, y él nunca había querido disponer de ellas, ni siquiera en los tiempos más difíciles.

En cambio la biblioteca y las pocas pertenencias de Beethoven fueron vendidas en subasta en los meses siguientes, así como algunas partituras autógrafas del maestro. En la *Rathaus* de Viena, se conserva todavía la lista de los exiguos precios que se pagaron por ellas.

TÍTULOS DE ESTA COLECCIÓN

Abraham Lincoln
Adolfo Hitler
Albert Einstein
Alejandro Graham Bell
Alejandro Magno
Beethoven
Benito Mussolini
Buda
Carlota
César Borgia
Charles Chaplin
Cleopatra
Conde Cagliostro
Confucio
Cristóbal Colón
Dante Alighieri
Diana de Gales
Ernest Hemingway
Ernesto Che Guevara
Eva Perón
Federico Nietzsche
Franz Kafka
Gandhi
Gengis Kan
Harry Houdini
Hermann Hesse
Hernán Cortés
Jesús
John F. Kennedy
Joseph Fouché
Juan Pablo II
Juan XXIII
Juana la Loca
Julio César
Karl Marx
Leonardo Da Vinci
Lucrecia Borgia
Mahoma
Marco Polo
María Antonieta
María Tudor
Marilyn Monroe
Marqués de Sade
Miguel Ángel
Mozart
Napoleón
Nicolás Maquiavelo
Oscar Wilde
Pitágoras
Rasputín
René Descartes
Ricardo Corazón de León
San Francisco de Asís
Sigmund Freud
Vincent Van Gogh
Vlad Tepes
William Shakespeare

NOTAS

NOTAS

NOTAS

NOTAS

NOTAS